新时代图书馆
读者管理与服务模式

李春艳 著

中国海洋大学出版社
·青岛·

图书在版编目（CIP）数据

新时代图书馆读者管理与服务模式 / 李春艳著 . --
青岛：中国海洋大学出版社，2022.8
　ISBN 978-7-5670-3245-3

　Ⅰ. ①新… Ⅱ. ①李… Ⅲ. ①图书馆服务－读者服务
－研究 Ⅳ. ① G252

中国版本图书馆 CIP 数据核字（2022）第 152814 号

出版发行	中国海洋大学出版社		
社　　址	青岛市香港东路 23 号	邮政编码	266071
出 版 人	杨立敏		
网　　址	http://pub.ouc.edu.cn		
电子信箱	dengzhike@sohu.com		
订购电话	0532-82032573（传真）		
责任编辑	邓志科　丁玉霞	电　话	0532-85901040
印　　制	日照报业印刷有限公司		
版　　次	2022 年 8 月第 1 版		
印　　次	2022 年 8 月第 1 次印刷		
成品尺寸	170 mm ×240 mm		
印　　张	10		
字　　数	180 千		
印　　数	1～1 000		
定　　价	42.00 元		

发现印装质量问题，请致电 0633-8221365，由印刷厂负责调换。

前　言

　　新时代,随着科技的飞速发展,图书馆建设进入大数据时代,社会变革和科技进步造就了当代图书馆由外到内的变迁。图书馆的全部工作都是围绕读者而展开的,没有读者,图书馆的工作就失去了意义,也就失去了存在的价值。因此,读者管理和读者服务工作是图书馆工作的重心,读者满意是图书馆各项工作的最终价值体现。新时代大数据环境下,网络引进和信息技术的发展与应用,不仅使传统的读者服务得到了进一步的发展和完善,而且增加了一些新兴的读者服务项目,提高了图书馆为读者服务的质量,同时也对读者服务工作的重点、类型、管理流程、服务模式等提出新的要求。结合新时代大数据背景,本书阐述了图书馆读者管理与服务模式研究的必要性,分析存在的问题以及优化建议,希望能够结合新时代的元素提升图书馆管理与服务理念。近几年来,读者管理和服务模式动态发展中的结合点、研究点引人关注,本书在为读者提供个性化服务、提升图书馆整体利用率方面作了研究,以期为变革中的图书馆读者管理与服务提供经验借鉴。

目　录

第一章 >>

图书馆读者管理概况

图书馆读者管理,是指图书馆管理工作者根据图书馆的工作宗旨、方针、任务和目标,对图书馆现有的读者进行有目的的管理和整序,研究读者的阅读需求和规律,协调读者与本图书馆的关系,使文献流与读者流有机地结合,以便有效地开发和最大化程度地利用图书馆的文献信息资源和读者的智力资源。在读者管理工作中,读者是可变因素,管理者工作的好坏不能直接用数据来衡量和测算,读者的满意程度是图书馆工作的最终评价标准。

第一节 图书馆读者管理研究概况

德鲁克指出,图书馆是为读者服务,并为读者而存在的,而不是为在图书馆工作的员工存在的。读者及其需要是图书馆产生和发展的源动力,没有了读者,图书馆就形同虚设,就失去了存在的价值和意义。因此,读者是图书馆工作的最终评价者,读者管理在图书馆管理中具有重要地位。

一 读者管理的基本内容

在传统的图书馆管理观念中,人们对图书馆的管理无非是对文献资源、信息资料、检索设备及图书馆工作人员的管理,至于读者管理实际上是管理读者,这一管理理念长期影响着读者与图书馆的关系,影响着读者的地位和定位以及图书馆的管理方式,制约了图书馆的发展。

从读者管理的角度看,读者和图书馆工作人员的目标是一致的,即利用一切手段激活文献信息资源,使其为我们所利用或使利用率最大化,直至更高。最近几年,图书馆理论研究者又提出了刚性管理和柔性管理这两个概念。所谓的刚性管理,是指单一的、单向的,带有强制性色彩的管理方式,以规章制度为主,强调必须遵守和服从,否则就予以惩处,这种管理具有不可抗拒的特征。从图书馆的读者管理角度而言,采用这种传统的管理方法就是通过建立一系列硬性的规章制度和规则来约束、管理读者的行为。如制定各种管理规定、罚款制度,设定开放时间等,来保证图书馆工作的正常运行。所谓的柔性管理,是指在研究读者的心理和行为规律的基础上,采取非强制的方式,通过一系列的方式方法,在读者心目中产生一种潜在的影响力、说服力,从而把各种管理意识和服从意识,转变为读者自觉的行为的一种管理方式。目前,大部分图书馆渐渐改变了原有的思维模式,以书为媒,主动与读者交朋友、谈合作,请读者参加、参与图书馆产业化项目中的策划、论证、投资、经营,形成了图书馆与读者之间的密切合作与共赢。有的图书馆创新读者服务形式,选聘读者中的专家学者、高级人才、青年才俊,参与本图书馆组成的研发小组,对馆藏资源进行二、三次开发,其研发成果向社会推广、转让。以上图书馆的这些做法和创新举措,受到了广大读者的欢迎。

二 读者管理的基本策略

加强读者管理,提升读者工作管理水平,应注意以下三个方面。

(1)尊重读者。尊重读者即读者在接受图书馆服务中所应该享受的不容侵犯的权利。第一,尊重读者即图书馆充分地、快捷地、友好地满足读者的各种需要,从而达到为读者服务的根本目的;第二,尊重读者就是要尊重读者的合法权益,尊重读者的隐私权、监督权和参与权,虚心接受读者的监督,并尽量让读者参与图书馆的管理,从而提高读者服务的质量;第三,尊重读者就是要尊重读者的人格,在制度上和设施上要充分考虑尊重读者,在处理投诉和纠纷时要尊重读者的权利,从而减少矛盾与磨擦,创造和谐图书馆,实现图书馆的最大价值。

(2)管理读者。加强读者管理是凝聚图书馆人气,规范读者服务,整顿图书馆工作秩序,丰富读者文化生活,保障读者权益,提高服务质量的重要途径。主要包括摸清读者实际数量、读者类型、阅读需求,按读者阅读深度进行学科分类,有重点地选择部分特定读者,参与监督图书馆管理,图书馆建设和读者服务工作制度等。

（3）开发读者。开发读者即通过对读者资源、馆藏资源和社会资源的优化整合、统计分析,实现图书馆的知识增值、信息增值和文化增值。

三　读者管理的基本思路

随着社会化、网络化和信息化的不断推进,浩如烟海的网上资源满足了人们对各种信息的需求,由此导致的信息"扩散"和"迷航",使更多的读者不满足于一般的咨询、借阅等传统的图书馆服务。他们的需要能帮助读者快速地解决问题,并融入答疑解惑,甚至提供全过程的个性化服务。如何更好地适应现代化科技的发展,了解读者阅读需求的新变化,帮助他们在图书馆里能够及时地获取所需信息,已成为当前和今后图书馆行业需要思考的重要课题。

1.读者管理流程

读者管理流程是一个覆盖图书馆全部业务流程、工作环节、服务方式、管理手段的管理体系。在网络环境下,图书馆的信息需求用户较以前发生了较明显的变化,呈现出了社会化、多元化、动态化等特性,对读者管理的研究应以如何建立一个高效的、实际的、可行的管理保障体系为重点,目的是以用户的需求为中心,推出一种贴近用户、贴近读者、贴近基层的最为有效的管理模式。

2.组建管理团队

为了有效地开展读者管理和读者服务,图书馆要挑选一批具有一定学科专业背景、掌握现代信息服务技能的图书馆工作人员组成管理团队,强调工作人员的沟通交流和知识储备能力,要求图书馆的读者管理按照科学有效的工作流程来进行,将读者需求与资源创造结合起来,形成灵活有序的工作模式,从而为读者提供高效、个性化、专业化的阅读保障。

3.组建读者管理系统

实现图书馆工作人员和读者之间的互动管理,必须以读者为中心,以读者满意为目标,通过管理系统平台,深入读者服务的全过程,形成工作人员与读者互动的内在机制,依据读者的要求实现动态和连续的组织管理。这不仅能让每位读者方便地了解自己的阅读需求变化状况和潜在需求,而且能让读者积极参与图书馆管理,积极配合改善管理结构,同时能协助、协调图书馆对所有读者的阅读需求状况进行总体评价和掌控,使图书馆在更高层次上为每位读者规划设计出有针对性的、切合实际的管理、指导和干预方案。

4. 达到最佳的管理效果

读者管理要达到最佳的管理效果应具备以下条件。一是对读者的个人信息进行登记,如个人情况、资历、兴趣、职业、爱好和研究方向。二是图书馆读者管理系统应通过 IT 技术和手段,如利用数据挖掘技术,把用户需求与有效数据、用户与用户之间的关系联系起来,这样既可以准确地把握用户需求,提供更加有针对性的信息服务,还可以发现更多的潜在用户,扩大读者服务范围。三是通过电子邮箱征询、网上问卷、论坛讨论、电话咨询等方式,对读者的专业需求、兴趣爱好、心理趋向等全面地进行了解。四是利用信息收集程序进行网络分析、标识统计和数据挖掘等,分析和挖掘出有价值的读者信息需求。

第二节　图书馆读者流管理的原则

图书馆管理是一门综合性应用学科,其管理的内容关系到图书馆运行发展的各个方面。图书馆最基本的职能作用是面向大众、面向读者的,树立以读者为本的管理理念、以读者实际需求为导向的图书馆管理流程优化是彰显图书馆职能的重要举措。

一　以读者为本的管理流优化基本内容

随着管理学的普及,现代管理的内容由传统的人事管理逐渐演变为多项内容的管理,图书馆管理也是其中之一。图书馆管理是一项综合性的活动,几乎包含了图书馆日常工作的全部内容,如图书馆运行、业务开支、人力资源和流通运作及书籍管理。

1. 图书馆的业务开支

开展图书馆的业务时,需要的费用主要包括图书馆日常开支、图书选购、杂志订购、网络数据库及供应商的管理与促销、日常办公耗材和一次性用品开支等。图书馆管理的业务开支是图书馆进行现代化管理工作的主要内容,也是图书馆工作管理的重要构成部分。

2. 图书馆的人力资源管理

人力资源是指在特定的时间、空间范围内,现实、潜在劳动力的数量的总和。随着社会的快速发展,人力资源已经成为国家、企业和一个单位组织体系中的中坚力量,人力资源的战略管理代表了行业之间的核心竞争力。人力资源管理是指运用现代化的管理手段通过对人力资源的获得、开发、合理利用等来实现既定目标。作为公益性的社会服务组织管理机构,知识管理的重要枢纽,图书馆的管理和服务均要围绕人来开展,为管理者和读者服务。坚持以人为本,而不是以书为本。图书馆人力资源管理要实现对图书管理人力资源的合理利用与开发;要把人力资源的效益发挥到最大、最好、最符合实际;要努力实现人力资源的可持续性、健康发展,为实现图书馆的现代化建设提供更多的帮助和支持。

3. 运作管理书籍

新的书籍或媒体到达图书馆后,管理者需进行整理、加工后才能让读者检索或借阅,这也是图书馆管理工作的重要内容之一。如图书上架前需印章、编目著录、书款入账、书籍保护、期刊保护、编入 OPAC、分类管理。针对读者而言,书籍的使用涉及制定文献使用规则、咨询查询服务、复印打印、远程借阅、内部布局。管理者要保障馆内图书的借阅、使用秩序,做好图书保管工作。

🔍 二 以读者为本的管理流优化措施

1. 将服务理念与读者服务相结合

所谓"以读者为本",即想读者之所想,急读者之所急,开展读者所需的系列服务内容,以最大限度地满足读者的需求。图书馆管理者面对着庞大的读者群,日常工作量不言而喻。为了保障图书馆正常运作,管理者要深化服务理念,认清服务内涵,建立起以读者为本的总体思想,分析读者心理,制定针对性的管理策略,以期将全新的服务理念与读者服务相结合,完善管理内容。

2. 将图书馆开支与读者服务相结合

图书馆的日常开支不是为了维持图书馆现状,而是为图书馆的可持续发展奠定基础。应将图书馆日常开支与读者的需求相互结合,如印制宣传手册、库藏书目,加强对供应商的管理,以期馆内图书种类全面而又保质保量;针对读者人群特征,力求每项开支都能够做到满足读者的需求。

3. 将图书馆书籍管理工作与读者服务相结合

随着现代科技的发展,现代图书馆的书籍管理已完全颠覆了以往的按书籍内容排架法、按开本排架法、按专用夹书板排架法、平躺叠放排架法、抽屉式排架法等传统的模式,转变为以索书号编排法、倾斜排架法、计算机检索、电子书总览与纸媒读物相互结合的新型模式。在这样的背景下,图书馆书籍管理工作也扩大了管理范围,全新的图书馆书籍管理工作在上述管理内容的前提下,做到以读者为本,所有管理工作都应当考虑读者需求,将图书馆书籍管理工作与读者服务结合,强化管理的有效性、实用性。

4. 将图书馆书籍使用管理与读者服务相结合

图书馆书籍使用管理,突显以人为本的管理内涵,要求管理者在图书馆管理服务细节上能够体现出对读者的关心和关爱,以及对图书的爱护,使读者能够配合管理工作,彰显图书馆的功效。如在书籍使用规则上、制定图书分布图、排架方法、编目使用说明和借阅流程等方面,在只字片语中能够体现人文关怀和图书馆文化,尽最大可能杜绝使用"违者罚款""限期归还""谢绝入内""禁止关门""严禁携带"等词语;在内部布局上,电子刊物需应用最新管理软件,力求做到简单、明了、方便、快捷等。图书的布局要合理、规范、美观,为应对有不同需求的读者,应设立不同的区域、位置,建设配套设施,以方便读者阅读。

5. 将图书馆发展观与读者服务相结合

当前,大多数图书馆拥有服务器和各种计算机终端及外部外联设备,建成了现代图书馆电子信息服务系统。读者可通过服务系统,浏览和检索馆内文献资源、文献数据库以及网络数据资源。而建设这些设施最根本的目的是方便读者,使读者能够足不出户获取知识。用科学发展观指导图书馆管理工作,是优化以读者为本的图书馆管理流程的有效策略。

三 以读者为本的管理流优化原则

图书馆是为读者而存在的,满足读者的需要就是图书馆努力的最终目标,这三句话从不同侧面说明了图书馆读者管理必须依据平等原则,方便读者、尊重读者、依靠读者。

1. 方便读者原则

方便读者就是在图书馆各项工作中,要为读者着想。图书馆工作人员应将自己的角色定位为服务者,从方便读者的角度出发,遵循读者需求行为规律,尽最大可能满足读者的一切需求,而不是让读者来适应图书馆的各项流程。如图书开架借阅,就是为读者提供了直接选择图书的机会。有时由于工作人员整理书架不及时,经常有乱架现象;有时在书目数据库中查到有某一图书,却因图标指示不清,在书库中没有找到或者要花费几个小时才找到该书。出现这些现象和情况,图书馆应制定工作人员操作规程和岗位考核及服务质量标准,明确开架图书排架要求,对工作不细的工作人员,使排架没有达标的,应视作未完成工作岗位职责。再如,期刊配套装订往往很少考虑读者对文献信息的需求,实际上期刊的装订完全可以选在读者利用率低的假期、休息日等时段进行,并以电子版的期刊做补充。当前,许多图书馆都购买了中国学术期刊全文数据库,当服务器上中国学术期刊全文数据库的数据得以更新,包含了待装订的期刊后,再对期刊进行配套、装订。又如,图书馆开馆时间长,从早上到晚上,中午不休息,为读者提供更多的服务时间。此外,为便于读者还书,图书馆在馆外墙上备有还书口袋和书报箱,方便读者在图书馆未开馆前,把书刊投入。加拿大有位图书馆工作人员曾说:"图书馆的服务尽量是最好的⋯⋯用户需要的(文献)我们想办法给他们,而且要考虑用户可能还有哪些要求需要我们满足。"国内也有一切为读者着想的图书馆,实行全天全时开放,读者借了书刊,可以在馆内任何地方阅读,不局限于某个阅览室,看完后,也无须放回书架,只需放在自己的座位上,由工作人员完成书刊收取和归位的工作,这种"辛苦我一人,方便众读者"的精神的确值得学习和借鉴。

2. 尊重读者原则

人与人之间尊重,是基本的道德品质。图书馆作为精神文明的窗口,它更应体现出这一文明的氛围。图书馆工作人员理应尊重读者获取服务的权利、投诉监督权、隐私权等,既要尊重读者对知识资源自由选择和平等获取的权利,还应尊重读者的平等人格,真诚地为读者做好服务。此外,尊重读者不仅体现在礼貌用语、举止得体上,更重要的是尊重每位读者的需求,无论是为了科研,还是为了休闲阅读,图书馆都应该设身处地地为读者着想,从多种角度开展细致周到的服务；尊重读者的阅读时间，尽量全面、准确、迅速地提供读者所需信息；尊重读者的心理需求，以方便的布局、宜人的环境为读者创造良好的阅读氛围。

3. 享有平等原则

平等权利是指读者在使用图书馆时，应有公平、公正地获取文献信息的权利以及人格受到尊重的权利，不会因个人身份、职业、学历学识的差别有任何改变。很多国家已将此写进图书馆法，从法律上保证读者的平等权利不受侵犯。在具体行为中，平等原则包括读者与图书馆工作人员之间的权利平等、读者与读者之间的权利平等。具体体现在：一是读者与图书馆工作人员之间应该是平等的，图书馆的首要功能是提供服务，即使读者能够从中获取所需要的文献信息，图书馆工作人员和读者在整个图书馆系统中是作为对等实体出现的，应履行对等的权利和义务；二是读者之间应该是平等的，无论是教授、工人、学生还是卫生保洁员，在图书馆工作人员的心中应该享有同样的地位。图书馆工作人员虽然实质上只是信息资源的管理者，不能错误地认为自己是信息资源的拥有者，而理所当然地决定读者利用图书馆的方式。

5. 依靠读者原则

我国的各级图书馆工作条例或管理办法几乎都规定读者对图书馆的工作和服务有批评权、建议权，这一规定是根据读者在图书馆中的地位而定的，一个图书馆办馆效益的高低，直接影响读者对文献信息的利用率。如前所述，读者是整个图书馆系统中最具有主体地位的，图书馆的所有工作必须充分体现读者的意志。只赋予读者批评建议权是片面的，应该赋予读者更多的权利，即读者对整个图书馆工作参与的权利。读者参与图书馆的工作应包括以下几点：一是参与图书馆各项规章制度的制定，使其有利于图书馆自身的健康发展和读者权益的有效维护；二是参与图书馆的业务建设，其中最主要的是参与图书馆的文献资源建设，因为读者作为使用者有权利对其文献内容、信息数量做出评价；三是对图书馆工作人员的服务态度、服务能力、服务方式、服务效果进行评价和监督，以使图书馆服务更符合读者的意愿。

第三节　图书馆读者管理的必要性

在网络环境下，图书馆的用户信息需求较以前明显地发生了变化，呈现出了社会化、动态化、多元化的特性,社会各阶层、各领域、各行业的人员都可以成为图书馆的现实或潜在的信息需求用户。阅读最重要的不是通过什么载体来读,而是读什么、怎么读。图书馆作为社会重要的公共文化场所,致力于倡导读书、组织读书、服务读书。

一　读者管理必要性的基本思路

1. 建立阅读管理体系

建立一个从业务流程、工作环节、服务方式到管理手段等全方位、全过程监控的阅读管理体系,读者管理的研究重点应该是如何建立一个高效的、切实可行的阅读管理保障体系,这是以用户的需求为中心而推出的一种贴近用户的最为有效的管理模式。

2. 实现读者管理方案

读者管理作为一种新的管理,不只是一种理念和目的,而且是一种手段和方法。首先应设立读者管理职位,经营管理项目,即在图书馆建立专门的管理员岗位,便于策划与实施图书馆阅读管理项目,逐步推进图书馆全面进行读者流管理。

3. 动态关注并分析读者需求

在用户基本信息基础上进行阅读需求分析,建立不同需求的读者群档案,进而对各个读者群的不同需求特点进行分析归纳,为图书馆读者管理的设置、调整、预测和控制等提供依据。图书馆还可以对获得的数据进行分析和整合以进一步制定针对性的阅读方案,为图书馆建立一套全方位、全过程的以读者为核心的阅读管理档案及相对应的服务细化方案。

4. 制定阅读指导处方

阅读指导的制定和有效的问题解决方案并加以实施,是图书馆进行读者管理的关键步骤。在用户提出要求的基础上,深入用户,应用科学方法进行评估,并为用户提供经过汲取、重组、创新、集成而形成的符合用户需要的阅读指导“处方”。图书馆管理者,必须具备敏锐的识别信息、分析与评价信息、洞察读者阅读需求的能力,并且能够利用大量的信息和工具及相关的信息源制定阅读指导“处方”,使读者的问题切实得到解决。

二　读者管理必要性的核心内容

美国图书馆学家施蒂格指出:"人本价值观念是图书馆职业的核心。"这种理念和思想应贯穿于图书馆管理的全过程。可见,人本管理就是在"重视人、尊重人、服务于人"这种核心价值观引导下,通过多种多样的管理手段与方法,执行、信守、发挥着价值观的驱动作用,维持与稳固图书馆的生存与发展。

1. 读者管理的核心要义

读者管理是图书馆工作者利用自身对信息来源和信息检索工具的熟练掌握,运用综合知识和专业技能,参与读者的阅读过程之中,跟踪读者服务需求,进行特定问题的专项分析、诊断,通过建立有效阅读计划、方案来回应读者需求、刺激读者需求、创造读者需求,使读者的个性化需求得到极大的满足。这里的"管理"已经超越了传统意义上的"管理",是建立在尊重读者、关爱读者、培养读者基础之上的知识"共享"与"服务",进而通过整个读者管理过程来促进读者知识的转化和利用,提升知识的价值。

2. 读者需求管理是图书馆管理的核心内容

图书馆有不同的档次和规模,档次不同、规模不同,其管理内容和方法也就不同。当档次和规模上无法按照图书馆细分管理层级和管理岗位时,只能根据读者需求设置管理岗位、制定管理办法。图书馆以满足读者需求为目标,岗位设置最少应设立三个层次:一是馆长,负责读者需求的调查分析与研究,负责图书、期刊的采购,制定图书馆管理规范;二是业务主管,负责读者需求的分类与统计,负责图书、期刊的借阅管理;三是管理员,负责读者需求的动态信息反馈,负责具体借阅业务的操作流程。在管理制度上,图书馆实施"一证五簿"的管理方法:"一证"是指借阅证,读者凭借阅证借阅图书、期刊。"五簿"指:一是图书入库登记簿,凡购置、订阅、捐赠的书刊均需登记入册;二是读者情况登记簿,读者办证时,均需登记其姓名、年龄、性别、职业、学历等基本情况,以便对读者群体进行分类、分析;三是读者阅览登记簿,读者进入图书馆阅览时,均需签名登记,以便统计阅览人次和阅读数量;四是读者借阅登记簿,记录每一个读者所借阅的书刊,便于统计分析;五是书刊流向流量统计簿,登记每册书刊的流向,定期统计每册、每类书刊的流量,以便统计分析。这种简约化、便捷式的管理方法,注重人和书之间的适配关系,按照读者需求进一步实现管理流程设计,便于操作汇总和统计分析。对读者需求进行经常性、连续性的调查研究,适时把握读者需求动态,是读者需求管理的关键。自图书馆建馆以来,笔者通过电话征询、调查问卷、读者座谈会、读者留言簿等方式对读者需求进行广泛调查研究,认真听取读者就图书馆建设、图书馆管理、图书馆服务和业务拓展等方面的意见和建议,及时了解读者希望购什么书,订什么报刊,开展什么业务,提供什么服务。如此,就掌握了读者需求动态,把握了图书馆管理的业务方向,从而用有限的经费购买读者最需要的图书、订阅最喜欢的报刊,用有限的人力开展读者最需要的业务、提供最满意的服务。

3. 对读者群体进行分类统计

根据读者需求结构调整图书、期刊配置比例和服务方式,是读者管理的基础工程。如笔者建立了读者借阅档案,根据读者的身份、年龄、性别、学历、职业等不同特点进行分类建档,及时了解不同读者群体的不同需求结构,掌握读者的分布状况、需求特点、借阅习惯,据此决定购置图书、订阅报刊的结构比例,决定借阅方式、归还期限和服务时段,有效地满足了不同读者群体的个性化需求。

4. 与读者建立适度的适配关系

读者管理的最高境界是建立人和书之间个性化的最佳适配关系。以人为本是科学发展观的核心理念。对图书馆管理来说,以人为本就是以读者为本,图书馆功能的大小,很大程度上取决于对读者需求的满足程度。社会在发展,读者的需求在变化,尊重读者,了解读者的身份,分析读者的心理,研究读者的需求,根据读者的知识结构和职业特点把握他们对图书资料和信息文献的需求结构和需求特点,实行科学的需求管理,最大限度地满足读者日益增长和变化的各种需求,是科学发展观对图书馆管理的要求。从服务城市向服务城乡转变,从服务特定社会阶层向服务全民转变,从注重馆舍面积、藏书数量等硬件条件建设向注重建设学习型社会应有的服务功能转变,从以图书供给管理为主导向读者需求管理为主导转变,是图书馆发展的大趋势。例如,基层图书馆馆舍面积小、藏书规模小、资金投入少、专业人员少,如果按照传统的管理方式,只能守摊子、摆样子、混日子,无法适应现代经济社会的发展需要,无法实现新形势下图书馆应有的功能。只有根据读者的需求规律,不断扩大读者队伍,不断激发读者的求知欲望,不断提高为读者服务的质量和水平,抓住满足读者需求这条主线,才能充分实现基层图书馆的应有功能,才能得到政府的支持、社会的认同,才能得到人民群众的广泛赞许。读者管理的最高境界是建设学习型社会,建设服务型图书馆,倡导和引导全民阅读,实现有人的地方就有书看,使人和书之间形成个性化的最佳适配关系。

5. 新时代读者管理的发展模式

信息技术的不断发展和计算机的广泛应用,不仅使传统的读者管理得到了进一步发展和完善,而且增加了新兴的读者服务拓展项目,提高了读者管理与服务的质量。

(1)把传统的图书馆逐步改成网络化图书馆。要适应信息网络化的趋势,把传统的图书馆逐步改成网络化图书馆,要通过各地各类图书馆的联网,成倍扩大图书馆的信息容量,实现优势互补、资源共享,弥补本馆藏书总量和结构上的不足,保证充分、及时、有效的信息供给。

(2)把图书馆建设成为信息服务中心。通过服务对象的联网,拓展服务空间,建立快速反馈渠道,及时掌握需求动态,逐步形成以图书馆为核心的信息服务中心。要适应知识创新和技术创新的需要,把图书馆建成综合性的创新服务平台。图书馆管理人员要自觉升华自己的角色,在做好登记、著录、编目、检索、借阅等传统业务管理的同时,主动为读者提供创新课题服务、咨询服务、检索服务,充分利用自己熟悉文献资料,能快速搜集、整理、汇总、提取文献资料的优势,参与读者创新课题的研发,为读者及科研人员做深层次的服务。

(3)通过多元化管理手段为图书馆注入新的活力。知识和信息的需求是多样性的,满足需求的方式也应该是多样性的,不能把图书馆的功能定位局限在这几种传统的图书馆业务职能上,要在服务内容、服务方式上不断创新,通过多样化的管理手段满足读者多样化的需求,根据现实的具体需求和具体状况及时推出新业务、新服务项目。

因此,在图书馆读者的有效管理中,图书馆工作人员是核心的管理因素,也是读者管理中最活跃和最主动的因素。这种管理模式,要求确立图书馆工作人员在管理过程中的主要地位,从管理的指导思想到具体的管理原则和方法,一切管理活动都是围绕如何发挥图书馆工作人员的主动性、积极性和创造性而展开的。图书馆读者管理的设计要在读者对象、读者范围上遵循平等、全方位的原则；在管理方式上，要体现主动、多层次、多样化的立体服务；在管理手段上，要体现电子化、网络化和人性化服务。利用先进的网络技术和图书馆专业技术，通过开展读者流的调查问询、个性化定制、资源集成、信息分析、知识挖掘、智能推送等，与用户建立紧密互动的服务关系，使读者在遇到困难问题时，足不出户就能得到图书馆及时、快速、专业的帮助和指导，有效地利用图书馆资源来达到最佳的阅读效果。

第二章 >>

图书馆读者类型分析

　　图书馆阅读的主体是读者,各类图书馆因为性质、任务的不同,会有不同类型的读者群,不同类型读者有不同的阅读需求。图书馆工作人员服务质量的高低与优劣,是衡量图书馆服务水平的最基本的标准,决定读者阅读需求的满足程度。应在充分了解各类读者阅读需求的基础上,针对读者不同的阅读需求类型,开展多种形式的服务,进行针对性的阅读指导。

第一节　专业图书馆读者类型

　　专业图书馆与公共图书馆相比,读者类型比较单纯;专业图书馆与高校图书馆相比,专业图书馆的读者类型和馆藏文献类型专业性较强。在充分了解读者类型特点的基础上,建立最优的文献资源馆藏体系,完善最佳的服务手段,为读者提供所需的文献服务,是专业图书馆读者服务工作的一项重要内容。

🔍 根据读者的需求共性,分析专业图书馆读者需求类型

　　信息文献资源的开发是对图书馆馆藏文献进行多角度、深层次的开发利用、加工整理,将蕴藏其中有价值的、特定的、适应读者需求的科学技术知识信息挖掘出来,揭示给读者和用户,以提高图书馆馆藏文献利用率,是一种信息资源收集、整理及传递的过程。在新形势下,传统的流通模式已被打破,静态的文献信息资源已成为科技文献的主流,推动教学、科研的发展。读者的需求存在着某些共性,可归纳为任务型需求、职业型需求、兴趣型需求、修养型需求。

（1）任务型需求。读者为完成本职工作所承担的科研、教学、撰写论著等任务，而产生对文献情报的需求。他们的需求往往是具体、有目的、有针对性的。

（2）职业型需求。读者在完成本职工作的同时，为提高自身的业务能力和水平，而产生的对文献信息情报的需求。他们的需求专业性强，层次不稳定，无特定性。

（3）兴趣型需求。读者针对自己的爱好兴趣，而产生对文献信息情报的需求，目的比较明确。

（4）修养型需求。读者在社会生活过程中，为提高适应社会生活的能力，增进对各方面的知识与提高而产生的对文献信息情报的需求。

上述读者对信息情报的需求，按阅读需求由大到小排列为国内杂志、国外杂志、科学著作、会议文献；从事研究工作的专业人员所需求的文献信息，按专业需求由大到小排列为学术会议资料、学位论文、科研和经验工作总结报告、考察报告等。

二　根据引起阅读需求的原因，分析专业图书馆读者需求类型

与公共图书馆相比，专业图书馆读者类型比较单纯；与专业图书馆相比，高校图书馆读者侧重馆藏文献，学科范围的专业性较强。对引起阅读需求的客观原因和主观原因进行划分，专业图书馆读者阅读需求可分为以下 4 种。

（1）学习型阅读需求。这类读者大部分是参加工作时间较短的青年科研人员和新入学的研究生，他们阅读兴趣浓厚，以学习、了解所需的专业知识、提高专业素质和业务能力为目的。他们一般有较强的求知欲望，其阅读需求具有广泛性的特点。但由于对图书馆科技书刊学科布局以及文献检索工具的使用不太熟悉，在阅读中带有较大的盲目性，对于这部分读者，应在了解他们阅读需求的基础上向他们详细介绍图书馆书刊馆藏的学科布局、文献资源的特点以及书目索引和工具书的使用方法方面的情况，并积极主动介绍、推荐适合读者阅读需求的科技书刊；另外通过培训和讲座的形式向他们讲述通过网络进行阅读并获取文献资源的方法，对他们的阅读活动进行指导，使他们适应图书馆新的发展，熟悉图书馆馆藏文献的学科范畴和馆藏科技文献资源的特点，激发他们的阅读兴趣，提高阅读技巧，为其检索和阅读

科技文献资源提供帮助。

（2）研究型阅读需求。研究型阅读是读者为了开展某一学科领域的研究进行的阅读，这类读者一般是中、高级科研人员，其阅读需求的特点是专指性、阶段性。专指性是指这类读者的阅读倾向比较稳定，阅读的范围是根据自身的专业需要而阅读特定学科或专业领域的文献。阶段性是指，在开题阶段，科研人员为了解该课题相关内容的研究进展、研究成果及发展趋势，决定是否有深入研究的必要性，这类读者就需要图书馆工作人员进行文献检索的查新工作，即提供查新报告，为科研人员提供参考；在研究阶段，科研人员需要掌握与研究课题有关的文献，包括重要研究资料、数据与方法，这就需要图书馆为其提供文献检索的途径和方法；在科研课题完成的评审阶段，需要引用原始的论文和研究领域新出现的相关文献来鉴定和评审科研成果，分析和评价其学术水平和学术价值，需要图书馆提供文献检索途径。

（3）应用型阅读需求。这部分读者阅读文献资源是为了解决科研工作和研究论文撰写中遇到的具体问题，寻找解决问题的办法。这类读者阅读需求的特点是时效性，迫切要求短时间内查阅到所需文献。图书馆在利用文献馆藏资源的同时，应指导读者利用网络进行阅读，因为网络阅读有内容丰富、互动性好、方便快速的特点，是目前快速获取文献的重要手段。

（4）娱乐型阅读需求。专业图书馆的读者主体是科研人员和研究生，他们在紧张的工作和学习之余需要阅读一些有知识性、趣味性方面的书刊，调剂自己的精神生活。针对这方面的阅读需求，在了解读者阅读倾向的基础上，充分利用自身优势，发挥图书馆寓教于乐的功能，提高读者的阅读兴趣，把读者吸引到图书馆中来，为他们推荐一些科普性文献，包括娱乐、体闲、健身、小说、传记以及烹饪、园艺等方面的图书、期刊、多媒体声像资料，使读者阅读后能扩大眼界，陶冶情操，使他们在得到身心休息的同时也获得了知识，这将为他们开展科研工作产生积极的影响。

以上 4 种读者的阅读需求不是孤立的，而是相互联系的，在存在个性差异的同时是具有共性的。在读者的阅读过程中，这 4 种阅读需求经常是相互交叉、相互渗透的。例如，当读者为解决科研工作中遇到的实际问题查阅文献资源、寻找解决问题的方法时，会发现自己的研究课题新的发展动态和新成果；当阅读科普性文献时，也会对自己所开展科研工作的思路有所启发和帮助。在充分了解读者阅读需求基础上建立最佳的文献资源馆藏体系，完善服务手段,为他们提供相应的文献服务工作,是专业图书馆文献服务工作的重要内容,有必要做更深入的探讨。

第二节 公共图书馆读者类型

公共图书馆作为知识的殿堂、民众终身教育的场所,馆员若想更好地提高文献利用率、更好地为读者服务,就必须研究读者,包括许多不同成分的个人读者。

一 分析不同年龄段读者阅读需求,进行针对性服务

(1)老年读者。图书馆里的读者大部分是老年人,他们退休后比较清闲,来图书馆打发一下时间,是图书馆比较稳定的读者,也是能够在较长时期内持续、稳定地利用图书馆的读者。对待这类读者要热情、耐心,认真倾听和回答他们提出的问题。

(2)少年儿童读者。他们大多是6岁至15岁年龄段的少年儿童读者,处在学龄期阶段,正是长身体、长知识的关键时期,少年儿童读者总的特点是爱读书又爱活动,求知欲比较强,阅读内容广泛又通俗浅显,有初步的理解能力,以形象思维为主。青少年时期容易受外界环境的影响,所以要帮助他们养成良好的学习习惯,引导他们利用好图书馆,启发他们获取广泛的知识,还要配合学校的课堂教育,打好学习基础,增强智力志趣,引导他们朝着有理想、有道德、有文化、有纪律的方向健康成长。图书馆可以为少年儿童读者提供阅览、外借服务,提供适合少年儿童的有声图书、卡通图书、立体图书和电子图书等。

(3)大学生读者。在高等学校学习的大学生,接受着系统的、综合性的教育和专业学习教育,正处于走向工作岗位前的最后在校学习阶段。他们具有青年读者和学生读者的双重身份。作为青年读者,他们正处在生理、心理、智力发展和世界观形成的成熟期,具有生活独立性增强,思想活跃,抽象思维能力、观察认识能力显著提高和自我意识强烈的特点;作为学生读者,大学生正处于高等文化和专业知识理论学习阶段,在学习内容、学习方法、学习能力等方面与中学生有很大区别,他们接触的知识领域更加宽广而深入。

(4)教师读者。大学和中、小学教师是各级各类学校图书馆的重点服务对象,也是各级公共图书馆的服务对象之一,他们在教育战线上肩负着培养人才的重任,是人类灵魂的工程师。教师自身也要不断学习,不断充实和更新知识内容,搜集必备的教学用书。因此,针对教师读者,要提供专业书刊和有关文献资料、各种工具书和书目文献资料,开展参考咨询和文献检索服务活动,以便满足他们的需求。

(5)科技读者。科技读者是各行业、各阶层、各学科的科学技术工作者(包括科学研究人员、工程技术人员、医生护士等),科技读者分布广泛,工作性质多样,文献需求各异,分散在各部门、各领域从事多种多样的工作。这类型的读者为科学研究服务,为生产技术服务,为经济建设服务,他们的业务需要,反映了社会主义现代化建设的当务之急和发展方向。因此,应将科技读者作为重点服务对象,在深度、广度和速度方面都千方百计满足他们的求知欲,加强二次文献、三次文献以及综合文献的咨询参考、文献检索,以较高的服务质量满足他们的需求。

(6)干部读者。干部读者是各级各类、各行各业的领导干部、管理干部以及广大的国家机关事业单位工作人员,他们从事各种领导工作、组织管理工作与实际业务工作,他们对图书文献的需求,除了提高自身的科学文化学习以外,更主要的是组织领导和管理业务。应把干部读者作为重点服务对象之一,提供一些战略决策性的综合动态资料,以及专业事实性强的资料,尽量解决他们的特殊需要,同时也提供社会科学、科普著作、文艺书刊等方面的文献。

(7)工人读者。工人读者是各级公共图书馆的主要读者类型,分布在各个工作岗位。工人读者是图书馆的积极利用者,接触社会面比较广,思想活跃,容易受各种社会思潮的影响,主要利用业余时间从事阅读活动。随着社会主义精神文明和物质文明建设的深入,工人读者的阅读倾向也随之发展,越来越注重阅读科技书刊、业务书刊、思想修养读物以及优秀的文艺作品。图书馆应尽可能满足他们的需求,加强对工人读者的指导工作,培养有理想、有道德、有文化、有纪律的新一代工人。

(8)临时读者。临时读者是指偶尔到图书馆进行借阅活动的读者,无本馆借阅证件,或无正式借阅关系而临时利用本馆藏书或阅读设施的读者。他们凭本人身份证件、单位介绍信或押金阅览书刊、外借图书、查询资料,或到阅览室学习自修。如在地方文献典藏室,接待的临时读者大多是研究地方史料的,如不同历史时期社会历史发展的基本情况和特点,以及历史渊源、社会沿革等内容的文献资料。

分析读者、研究读者并不只是简单了解读者喜欢什么书,需要什么书,也并不只是等到采集文献时才去调查读者的需求,这是一项长期而系统的工作,要靠平时细致入微的观察、深入的研究和点滴的积累,最终使读者知识的更新与文献的更新同步。只有了解掌握读者的类型和特点,才能做到"广、快、精、准",才能更好地为他们提供高效、优质的服务。

二 掌握不同研究类型读者阅读需求,进行针对性服务

"读者至上,服务第一"是图书馆工作的宗旨。细分不同研究类型读者需求特点,提供针对性服务,是新时期图书馆读者服务工作的终极目标。图书馆员必须敬业、修业、专业,才能最终保证服务目标的实现。

(1)实际应用型读者。此类读者为了拓展对相关专业知识的阅读量,更新专业知识,及时、准确了解新信息,以满足当前社会改革、创新对人才的需求。因此,实际应用型读者要经常到图书馆充电,他们的需求并不是短时期内可以完成的,而是一个长期的、习惯性的、缓慢的阅读积累,以明确的目的和活跃的思维开展有针对性的阅读活动,主要突出结合实际应用。

(2)知识获取型读者。此类读者在图书馆占有一定的比例,每年在学生期末考试、职业技能考试、专业资格与职称考试期间,图书馆的考生明显多于平时。考试在一定程度上来说,是衡量学生学习成绩优劣的标准,有学校有师生的地方就有考试。从古到今,获取知识的思想始终存在,在这一形势面前很多考生的阅读需要都是为了应试,用好的成绩获取进一步学习、深造,提升学历的机会。

(3)学术研究型读者。这部分读者主要是高校的教授、研究生导师、研究生,科研院所的学科带头人或攻关组成员,他们的阅读需求是为了解决某一研究课题,完成所担负的具体研究任务,需要了解掌握本学科知识的发展前沿动态,所以他们是怀着一种求新和求全的阅读心理走进图书馆,其阅读目的是通过阅读来了解课题的研究动向,掌握课题的研究水平,他们迫切需要得到国内外一些学科前沿的、学术水平高的、参考价值大的学术资料,了解学科发展前沿的最新动态,这种阅读心理需求所涉及的阅读范围具有长期

的指向性和专业性,这就要求图书馆工作人员要不断地提高自己的文化知识和学科专业知识,才能为这类读者提供查阅、筛选各种文献资料服务,才能为他们提供代译、代编服务,开展定题跟踪服务等。

（4）决策研究型读者。国家现行的方针政策、法规制度、经济发展模式、技术革新趋势、企业发展战略规划,以及学科动态、科研攻关、项目研究、专利发明、技术创新等是这类读者所注重的内容。这类读者对社会经济、文化进程的历史和现状有横向广度的要求,对相关领域和专业的发展趋势和技术动态有纵向深度的要求。针对这类读者图书馆不仅仅是提供文献资料,而是要让服务精品化、深层化。这类读者的知识需求向深度和广度延伸,有时要求精确到一个知识单元,甚至是某个知识点,他们一般要求图书馆提供专业期刊、内部资料、专业经典著作和检索工具书。因此,图书馆应多收藏载体文献,特别要重视述评、综述、研究报告等三次文献的收藏,为读者成果鉴定、专利申请、产品开发等提供科技查新服务,提供深层次的信息服务。

第三节　分析读者类型有利于图书馆服务工作创新

为读者服务是图书馆工作的根本宗旨,服务理念贯穿图书馆职能的始终,做好服务、提升服务质量,是图书馆赖以生存和发展的基础。分析读者类型,以便有针对性地提供优质服务是一种值得尝试的提高服务水平和服务质量的途径。按读者类型提供服务,绝非是按身份或地位把读者分为三六九等,而是根据读者的工作性质、信息需求、知识结构、行为习惯及心理倾向等的不同,尽可能地提供个性化服务,也就是说要针对不同的读者采取不同的策略,提供各具特色的服务。

一　多途径提供服务,深层次揭示馆藏文献

为了让读者能用最少的时间和精力,以最快的速度检索到自己所需要的知识和本专业的发展动向,需要高素质、专业性强的情报人员根据文献信息处理的方式,采取不同的文献整序、文献浓缩和检索方法对原始文献进行压缩提炼,使其成为直接、有效、高浓度的信息,从不同角度、不同层次向读者提供信息。它包括文摘、综述、书评、培训 4 种途径。

（1）文摘:主要以简明扼要的文字摘述文献的主要内容和原始数据,向

读者揭示最新研究的成果,传递最新信息情报,可使读者免于查阅文献的一种文摘形式。

（2）综述:是对某一时期内的某一学科或专题所发表的大量原始文献进行全面分析、研究、归纳、整理,进行综合叙述,是对大量原始文献的内容进行压缩和系统化的结果,它能比较全面、系统地反映国内外某一专业和某一学科的发展历史及当前发展状况。

（3）书评:主要是传递有效信息、解读著作内容、展示研究成果、评论学术得失,对读者提供导读功能。书评形式多种多样,如组织读者书评活动、交流阅读心得、报道专家书评内容。书评应注意与信息源、学术性、趣味性相结合,不断总结经验,提升评价质量和评价水平,以便扩大影响。

（4）培训:主要是指图书馆有责任和有义务让读者充分了解图书馆的机构设置、服务内容、文献组织、信息检索、标引知识等。图书馆可以通过定期或不定期对读者进行培训,增强利用图书馆文献资源的意识,提高利用方法,掌握文献检索的基本理论。加强书目教育和综合知识培训,提升读者获取文献信息的能力,掌握和利用各类参考工具书和检索工作,达到事半功倍的效果。

二　开展多种服务,深层次开发信息资源

（1）定题服务。围绕着所服务的课题范围,明确目的,固定选取文献资料的范围。随着研究课题的进展,针对性强地开展文献调查,做到对课题的进展了如指掌,掌握不同时期的调查重点,有利于保证定题服务的效果。配合课题的研究,主动提供跟踪服务,按照服务课题的研究计划和进展情况,经过编辑、检索、辑录、翻译等途径,主动提供信息从而加速研究的取得。

（2）咨询服务。根据读者的要求进行原始文献和文献检索的服务,提供解答读者疑难以及有关数据和知识服务,包括检索服务、复制复印服务和委托代译服务等多种形式,具有一定的综合性。

（3）编译报道服务。其是为提高馆藏文献资料的利用率,通过高层次开发原始文献中重要资料,按照用户特定需求进行辑录、编译而开发的成果,能切合读者要求,能帮助因不懂原文而无法利用某些国外最新信息情报的读者;通过编译加速情报信息的有效利用,提高情报利用者的劳动效率。报道

服务的影响面广,能突破地域和时间界限,在更广泛的范围内满足读者,从而加速全社会情报信息的交流与传递。

(4)有偿服务的提供。随着互联网技术的不断发展,图书馆可以通过自身的人才优势以及文献优势,来对自身的服务观念进行积极的更新,并介入市场之中为经济建设工作进行服务,这样一方面能够起到良好的造福社会的效果,另一方面还能够有效弥补自身经费不足这一问题。通过介入市场以及开展有偿服务的模式,能够使得图书馆自身的职能得到进一步的拓展。但是在介入市场的过程中,还要求图书馆的管理人员能够弄清有偿服务和无偿服务之间的关系。只有这样,才能够在充分满足普通读者的阅读需求基础上,来获取的良好的经济效益。

(5)馆际互借的开展。现阶段,资源价格的不断上涨要求各个图书馆能够利用有限的资金以及场地,来构建富有特色的图书馆藏书机构。通过馆际协作以及资源共享的模式,能够从根本上解决读者需求的信息量过大以及馆藏资源有限的矛盾,并进一步的增加图书馆所能够提供的资源,从而为读者提供更加良好的服务。

第三章 >>

图书馆读者阅读体系研究

阅读是人类所独具的能力，就如同文字和书籍的出现使世界发生了巨大改变一样，阅读也在极大程度上影响和改变着世界。阅读就是从书籍文献和报纸杂志中获取有价值的信息，并联系自身的所见、所闻、所想、所感、所有，对书面文字或书面材料所传达出的信息加以认知、理解、深化、吸收，将对书面材料的感性认识上升为理性认识的过程。在进行阅读的整个过程中，读者将自己所具备的知识储存内容与对文本的主动理性思考相结合，通过对书籍中的描述与释义辅以自身对此的想像和补充，对某些模棱两可的概念加以确定，进而达到个人对同一文本或不同文本的独特见解。所以，阅读不仅可以丰富人类的想象力还可以激发人类的创造力，阅读是提高国民素质的一个重要途径。

第一节　传统阅读与现代阅读的关系

随着信息技术的发展，人们获取信息的途径越来越多，可以通过网络、电视、手机等不同的渠道获取信息和知识，面对这样的环境和形势，图书馆必须要加强对阅读推广模式的创新，将传统的阅读推广与现代化阅读形式结合起来，契合读者的阅读喜好，让读者从不同的视角出发，从不同的方法着手，获取更多的阅读素材，理解阅读内容，提高读者的阅读质量。

一　传统阅读与现代化阅读概述

传统阅读是纸质阅读，需要读者到图书馆借阅图书或者从书店购买图书再进行阅读。现代化阅读则是无纸化阅读，是基于计算机信息技术发展起来的一种阅读方式,利用互联网、计算机或者手机等媒介,来满足阅读需要。无论是哪一种阅读方法,都必须要考虑到阅读的效果,考虑是否能从阅读的过程中汲取到更多的知识。

图书馆是开展阅读并进行阅读推广的重要场所,有越来越多的图书馆开始加强对阅读推广的研究,对阅读推广模式进行创新,不断提高图书馆的阅读推广水平。由于图书馆是一个比较特殊的部门,在长期发展过程中受到传统思想观念的影响,其阅读推广过程中依旧存在一些守旧的问题,那就是传统的阅读究竟应不应该被取代,传统的阅读模式如何能够与现代化阅读模式完美地融合起来,求同存异,是当前图书馆管理人员要思考的重要问题。

二 将传统阅读与现代化阅读有机结合

提供阅读服务是图书馆发展过程中的一个重要内容,传统阅读一般是读者到馆阅读,现代化阅读则更多的是读者利用网络和其他终端进行阅读的过程。如何将这两种阅读结合起来,是现代图书馆发展过程中的一个重点。图书馆必须要明确未来的发展方向,对信息化技术、计算机技术、通信技术进行综合应用,为现代化阅读提供坚实的基础,同时也能保留传统阅读的优势,促进图书馆的阅读推广活动顺利推进。

(1)转变功能,提供多元化阅读服务。图书馆中的信息是多元化的,有历史类、经济类、文学类、思想类、社科类等。现代社会中人们面临的竞争十分激烈,同时还受到网络信息技术和智能终端的影响,越来越多的人开始选择现代化的阅读方式来获取自己所需要的知识和信息。一是因为网络获取信息的速度较快,而且不受任何限制,在任何地点都可以获取自己想要的信息。二是网络上的信息是多元化的,用户可以更加精准地寻找自己所需要的信息。面对新形势需要,图书馆必须要转变自身功能,为读者提供更加多元化的阅读服务。三是图书馆的实体是不能消失的,必须要为读者提供阅读的场所,来满足一部分读者想要阅读纸质书,想要寻求一个宁静的阅读环境的需求。四是要结合更多读者提供便捷服务的需求,在提供阅读场所的基础上,开展网络化和信息化服务,引入信息化设备,并采用新媒体技术来服务现代化读者,而且逐渐将传统的阅读推广模式与现代化推广模式相结合,将更多的资源倾斜投入到现代化阅读推广中。传统与现代化阅读方式涵盖各个年龄段的阅读群体,比如老人、中年人、青少年、儿童,要针对所有人群开展新的阅读推广活动;再如,在图书馆内部可以购置一些新的设备,自助借还设备,读者到馆之后可以自动从机器上查询到自己想要借阅的书籍是否存在,具体在什么位置,然后可以自动地取下书籍,通过电脑系统完成借阅流程,将书籍带出图书馆,让读者自主地完成借阅过程。这种服务更加灵活、方便,而且具有人性化,减少了等待的时间。

（2）线上阅读,线下开展主题活动。虽然现在很多人不用到图书馆中去,可以在网络上、手机上阅读,但是图书馆中依旧有很多网络上没有的信息资源,到馆可以体会到更多不同的阅读感受。对此,图书馆可以积极开展各种主题活动,让读者们利用其他的信息化渠道来阅读之后,相聚在图书馆中,利用主题活动来拉近读者之间的距离,为读者之间的沟通和交流提供平台。阅读主题活动可以很好地调动读者的积极性,而且通过各种主题活动也能将读者凝聚起来,产生团体效应,促进阅读推广活动顺利推进。例如图书馆可以定期开展"读书主题活动",结合每年的读书日,开展大型图书阅读推广活动,图书馆在平时也可以定期开展"读书分享活动",将读者召集起来,让读者分享自己阅读过的书籍、文献等,相互交流意见和体会。另外,还可以在主题活动中增加一些有趣的互动环节,比如交换图书、交换书签、互赠礼物等,这些环节都可以很好地培养读者之间的感情,促进阅读推广活动顺利推进。

（3）对图书馆的资源进行电子化处理。现代化阅读方式针对的是电子化素材,比如各种电子书、PPT、影视资料,这些资源是图书馆开展现代化阅读的重要基础,是将传统阅读和现代化阅读结合起来的一个重要环节。要及时对传统的资源进行信息化处理,比如很多纸质书籍陈列在图书馆的书架上,同时在网络上也有电子书存在,这就给读者提供了多元化的选择渠道,读者可以根据自己的需求和时间安排去选择阅读书籍或选择在网络上阅读。在现代化网络背景下,图书馆应该积极开展网络化服务,配备更多计算机设备,加强数字资源库的建设,丰富数据库内容,并且加强图书文献检索软件的应用,开展微信、微博的阅读方式,利用图书馆微信、微博进行阅读推广,为读者提供多元化的信息服务。

第二节　获取图书馆文献的有效途径

读者获取文献信息的途径很多,图书馆必须深入细致地进行读者需求信息的搜集与调查。由于读者对文献信息的需求具有变动性、多样性等特点，同时读者的数量较多，并具有分散性，因此调查了解读者需求不是一次或数次就可以完成的，也不是采取某一项措施就可以全面了解的。

一 多途径获取读者文献需求信息

（1）将文献订单送读者群进行初选。文献订单包括社科新书目、科技新书目、中外文报刊订单、外文图书订单等。通过图书馆特定读者群，不仅可以了解到他们自己的文献需求，也可以了解到某一专业领域、某一阅读群体对文献的需求。将各类订单送给他们初选，一方面使采访人员了解到读者的真实需求及其变化情况；另一方面可帮助采访人员从内容相似的各种图书中选出最佳、最合适的品种。同时将订单送给读者群初选，不仅能促进图书馆馆员与读者之间的沟通与了解，而且还能使读者更加关心本馆的文献资源建设。

（2）为了保证发往各处的订单不流于形式，图书馆与读者应加强正式的联系，请图书馆委派专项负责人，将订单交由读者阅选。

（3）查看馆藏图书的历史与当前借阅记录，了解各种图书、期刊的读者需求情况，为新书的订购提供参考。由于知识更新速度较快，有些过于陈旧的专业图书早已无人借阅，借阅记录已不具参考价值，因此，同时要在查阅记录和借阅时间上均加以标注。图书借阅的记录能够真实地反映本馆读者对各种图书需求情况，它决定了各个专业图书购进的种数和复本数，具有重要的参考价值。当图书馆准备订购某种图书时，图书馆工作人员查询库中与其主题相同的各种图书的借阅情况，如果多数图书借阅总次数和平均被借阅次数都较多，那么就可适当的增加复本数量和相关内容图书的数量。当一些图书被借阅在外，那么此种类的图书无疑是读者需求较多的图书，订购时复本数和种数应相对多一些，反之则要控制这类新书的购进种数及复本数。

（4）通过新书预订，对各本图书的借阅情况经常反复查看，可使采访人员充分了解熟悉本馆读者需求及其变化情况，同时还可以纠正采访人员对于某些图书需求的印象错误。如采访人员有时以为有些书无人或很少有人借阅，但经查阅借阅者却很多。

（5）深入借书处、阅览室进行观察和访谈。开架借书处和阅览室是读者活动最为频繁的场所,这里的工作人员直接同读者打交道,与读者有直接的信息交流,每天上架、整架、办理借还手续,知道哪些书为热门书,哪些书太少不能满足基本需求,哪些书是长期滞架,无人问津,因此对读者需求及其变化有清晰的了解。图书馆通过工作人员对库中的一些具体情况的反映可获得较新的需求动态和一些急需满足的读者需求。在借书处和阅览室中,图书馆工作人员可以直接对读者进行访谈,了解他们对本馆文献资源建设的看法以及他们自己的需求情况。

二　采取多种措施为读者提供文献信息

(1)由馆长出面与读者进行商定。根据有关教学、科研的文件及有关任务要求,来确定订购选购相应的文献信息。

(2)主动搜集教学与科研信息。图书馆工作人员要主动积极地搜集了解科研与教学信息及进展,以保证正常的教学、科研任务顺利开展。

(3)设立网上意见箱。收集读者需求信息,设立意见箱,可以让每一位读者随时将自己的文献需求和对图书馆文献的建议反映出来,是接受读者主动反映其文献需求、服务需求的重要渠道。图书馆在其主页上设立电子读者意见箱,读者可以在网上发表意见,以便读者更方便、更自由地表达自己的需求。图书馆工作人员经常性地从这些意见箱里查阅读者意见,达到全面收集读者文献需求信息的目的。

(4)随时跟踪采访。随时跟踪、采访、摸清读者的阅读需求,有效获取读者文献需求信息的方法。图书馆工作人员必须坚持调查研究,通过调查研究,不仅能了解图书出版发行动态,更重要的是能了解读者对馆藏资源的需求情况。图书馆工作人员除明确本馆收藏范围和重点外,其最基本的工作就是获取读者文献需求信息。如何便捷、有效地获取完整、准确的读者文献需求信息资源,一直是图书馆采访人员探讨研究的问题。网络环境下的采访工作和调查研究,应将重点转移到如何利用网络优势进行读者需求调查,通过建立读者需求资源库来有效地获取读者文献需求信息,从而确立采访工作的方向和重点,进行有针对性的采访及征订,大大提高图书采访工作的效率和质量,使图书馆有限的经费得到最佳的利用效果。

第三节　图书馆读者阅读行为

随着新时期信息技术的不断发展，信息传播的速度和广度也得到了极大拓展，知识和信息本身开始出现碎片化趋势，完整的知识体系被切割为一个个片段，以文字、图画、音视频等作为载体，以网络作为一条有效的途径进行复制和传播。同时，随着社会生活节奏的加快，人不愿再花费长时间进行"深"阅读，只愿通过短暂的、零散的时间接触各种信息，因此阅读和学习活动也随之成为碎片化的活动。

一　新时代图书馆指导读者阅读行为现状

（1）知识碎化和浅层阅读对图书馆服务造成的冲击。在新兴信息技术快速发展的背景下，公共图书馆提供的深度阅读服务面临着新的挑战，这种挑战最主要来自手机的移动互联网的碎片化阅读。截至 2021 年 12 月，我国使用手机上网的网民比例高达 99.5%，人均每周上网时长达 28.5 小时，日平均时间为 5.69 小时。换言之，每位网民在网上要花费一天中近 1/4 的时间，这样说来，网络阅读已经成为阅读的重要方式。

（2）针对技能导向阅读和研究导向阅读进行整体性阅读引导。技能导向阅读和研究导向阅读具有较强的相似性。一方面，读者进行技能导向阅读和研究导向阅读的目的性都比较明确，都是要获取某种特定类型的知识或解决问题的具体方法，深入的技能导向阅读，已经具备了研究导向阅读的某些特征；另一方面，进行技能导向阅读和研究导向阅读的读者群体以中青年为主，他们或正在求学或处于事业的上升期，亟待通过各种学习和培训提升智力能力。通过整合零散的业务时间来进行，无法抽出大量完整时间，到某一个特定地点集中学习，图书馆可以通过公共数字服务平台的内容设计，积极引导技能导向阅读和研究导向阅读进行整体性阅读。

（3）公共图书馆的数字化转型以及对阅读的引导与保障。为增加并保障读者的知识获取渠道，整体性阅读行为的引导还需要全社会各种文化建设载体共同努力。公共图书馆数字服务平台是社会公共数字文化服务体系的重要组成部分，其中数字资源对于引导与保障读者进行整体性阅读起到了关键作用。

新时代读者阅读行为属性与定位

《文化部"十三五"时期公共数字文化建设规划》提出，到 2020 年我国基本建成与现代公共文化服务体系相适应的开放兼容、内容丰富、传输快捷、运行高效的公共数字文化服务体系。在建设公共数字文化服务体系的过程中，公共图书馆需要积极应对碎片化阅读趋势造成的冲击，特别是在公共文化综合服务下，在广泛深入调研的基础上进行读者阅读分类，设计相应的阅读行为引导体系，以此来提高公共文化服务的质量和效率。

（1）从服务属性来看。公共图书馆给大众提供了优质的深度学习的空间和载体，在深度阅读中，学习者通过长时间的专注阅读，通过思考达到情感共鸣，从而使自身知识水平得到提升，并得到了丰富的情感体验。深度阅读的目的是提升自身素质、学识修养、理论知识水平和工作能力。

（2）从阅读行为分类来看。现代社会对图书馆的定位包括两个内容：一是为读者提供系统学习和知识补充的公共渠道；二是为读者提供与文化相结合的休闲阅读空间。传统的图书馆是以纸质图书为代表的系统学习功能，如今这种功能在迅速衰减，休闲功能的地位逐渐上升，甚至有取代图书馆知识学习功能的趋势。这就要求图书馆应该深入研究读者的阅读行为，采取积极有效的措施，改变形式单一的休闲化学习局面，提高馆藏资源的利用效率，使图书馆真正发挥公共知识库和文明传承的作用。

新时代读者阅读行为类型

根据读者对阅读的需要迫切性和阅读时间的充裕程度，可以将读者的阅读行为分为 4 种类型。

（1）愉悦导向阅读。这种阅读行为的目的主要是通过阅读活动获得愉悦体验，阅读题材主要是文学作品、旅游手册、生活体验、茶艺服饰和浅层次的文艺作品。这种阅读不需要高强度的脑力劳动，也不需要对阅读中所获取的知识和信息进行深层次的加工及二次处理。通常，这种阅读需要可以通过碎片化阅读来满足。当然，进行愉悦导向阅读的读者通常以学生和工作强度较低者及退休人士为主，相对而言，这个群体所拥有的阅读时间也比较宽松、充裕。

（2）技能导向阅读。在这种阅读行为中，读者阅读的目的是掌握某种具体的技能，阅读需要的迫切性较为强烈。该阅读群体主要是具有某种特定技能需要的学生、工人和技术人员，这个群体承受了较大的竞争压力，迫切需要通过阅读来比较系统地掌握某种特定技能，但是，这个群体的阅读时间有限，难以保证在固定时间和空间开展阅读活动。

（3）研究导向阅读。研究导向阅读也建立在相对充裕的时间基础上，该群体基于某种研究的需要开展阅读活动，这种阅读活动具有系统性、进展性和探索性的特征，这对图书馆的知识资源配套和服务支撑提出了更高要求。

（4）鉴赏导向阅读。这种导向的阅读行为与愉悦导向阅读的相似性在于，鉴赏导向阅读的动机也出于愉悦体验，但是，这种阅读的广度和深度又要远远超过愉悦导向阅读。该群体是为了在阅读中获得某种愉悦体验，同时也是出于鉴赏性的目的开展阅读。这种鉴赏性，既包含对某个领域知识进行探索性研究，也包含对某个主题所具有的科学性和艺术性的领悟和感受。

第四节　图书馆读者阅读动机

阅读动机本质上就是图书馆读者的一种阅读需要，不同的时期、不同的社会环境、不同的读者群体来图书馆进行阅读的动机不同。随着市场经济进一步繁荣发展，图书馆各类读者的阅读动机发生了相应的变化，为揭示和掌握新时代读者的阅读动机和规律，分析影响读者阅读动机的各种因素，以便提供人性化服务措施，提升读者服务水平。

一　分析影响读者阅读动机的因素

（1）内因的影响。内因的影响主要是指读者自身、个人方面因素的影响。每个人的知识构成及其年龄、爱好、信仰、经历等各有不同，为了自身发展、自身完善和自我价值实现的需要，人们对自身的文化素质、知识程度、能力水平的要求也就不一样，这些因素都会影响读者的阅读动机。

（2）外因的影响。外因的影响主要是指社会因素的影响。人是社会的主体，读者所处的特定历史阶段的政治形势、经济状态、社会生活、文化教育等不同，以及舆论导向、道德规范、审美标准及所从事的职业要求等，都会对读者的阅读动机产生影响。如果图书馆的藏书结构缺乏一定的系统性、连续性和专业性,图书馆设备落后,检索、借阅条件和效率低下,图书馆工作人员的综合素质不高、服务态度差等,都会影响读者的阅读动机。

二　根据读者阅读动机提供人性化的服务

阅读动机是指根据读者的阅读需要,引起阅读行为,来满足阅读愿望的目的。分析和掌握图书馆读者的阅读动机,有助于提高图书馆读者服务工作的科学性和有效性,从而提高图书馆的服务质量和管理效率。

（1）阅读动机为学习求知型的读者。这是最具有普遍性的一种阅读动机和阅读需要,读者利用图书馆以获取知识、扩大视野为主要动机,学习求知型读者居多（占读者量的48.3%）。为了提高自身的文化知识修养,拓展其知识面视野,图书馆工作人员主要向他们介绍视文献信息的知识性、理论性和专业性。

（2）阅读动机为释疑解惑型的读者。这些读者在学习、工作、生活等过程中遇到疑难问题,从文献中寻求具体的知识、信息和技术方法,以便找到解决问题的最佳方式,是为了解决问题而形成的一种阅读动机（占30.4%）。此种阅读动机对图书内容的专业指示性很强,注重阅读的直接实用效果,图书馆工作人员应该对这类读者提供及时、有针对性的文献信息服务。

（3）阅读动机为娱乐趣味型的读者。这类读者到图书馆的动机是为了阅读一些消遣性的读物（占13.5%）。读者在紧张的工作结束后或周末假期中,更愿意阅读文学、历史、医疗保健、体育、天文地理和汽车等书刊。此种阅读动机是为了放松大脑、消除疲劳,以获得充足的精力更好地投入接下来的工作,或者为了获得艺术体验和享受的一种阅读动机。图书馆工作人员应向他们提供具有知识性、情趣性和宽泛性的图书文献内容。

（4）阅读动机为文学欣赏型的读者。这类读者对文学类书刊文献的阅读动机在于其具有趣味性和可读性,此类书刊受到各个年龄段读者的普遍欢迎（占7.1%）。图书馆工作人员应结合电视剧的热播,关注催生的同名小说,关注获奖作家的作品和流行的小说。

（5）阅读动机为爱好广泛型的读者。这类读者对专业知识、外文、经济管理、计算机、教育等方面的内容都有涉及（占0.7%）,读者各有侧重、比例均衡,反映出读者强烈的兴趣爱好。图书馆工作人员应注重此类读者阅读广泛、博览群书，为拓宽自己的知识面，阅读需要呈现出明显的广泛性的特点。图书馆应积极对此类读者进行引导和教育，主动地帮助他们有目的、系统地阅读，引导他们从低层次的阅读动机向高层次的阅读动机转变，最大限度地发挥图书馆的教育职能。

（6）根据读者阅读动机提升人性化服务水平。一是改善图书馆的阅读环境。图书馆是读者重要的学习场所之一，图书馆应该尽最大努力给读者创建一个幽雅的文化环境，宽敞明亮、布局合理、整齐美观、技术精益、设备先进，这些因素都是加强读者服务工作的条件和基础。二是提高图书馆工作人员综合素质。读者服务工作的质量与图书馆工作人员的综合素质高低及服务理念、服务意识是密不可分，它直接影响图书馆的工作质量，并会对读者产生很大的影响。图书馆员应将"读者至上，服务第一"的服务理念牢记在心，最大限度满足读者的一切阅读需求。三是加强文献采访工作，提高馆藏质量。馆藏质量的多少与高低，直接关系着图书馆工作水平和服务能力的优劣程度。图书馆应尊重读者的阅读需求，在确保教学、科研需求的基础上，应重视其他各类纸质文献的采购，这样才能做好图书馆的馆藏建设，才能真正发挥馆藏文献的作用，更好地为读者服务。做好文献采访工作是留住读者的根本，了解读者需求信息是采访工作的依据和动力，只有了解了读者的需求，才能增强采购的目的性、针对性，减少文献采访的盲目性。四是积极开展新书推荐工作。举办读者活动的形式多种多样，向读者宣传图书的内容可以让读者更好地了解馆藏资源，从而更好地利用馆藏资源获得知识。图书馆定期举办各种读者活动，如读者征文、图书馆知识竞赛、书评活动等活动，这样既能让广大读者积极参与到活动中来，又能加大图书馆的宣传力度，从一定程度上提高阅读的针对性，培养读者的良好阅读动机，这样才能更有效地提高图书馆读者服务工作的质量。五是开展阅读指导工作，提高读者获取文献信息的能力。每位读者的经历、信仰、家庭环境等方面都各不相同，这也就形成了他们不同的爱好、个性以及对客观事物的认识。图书馆工作人员应该善于观察，了解他们不同的性格特点和心理活动，主动加以引导，积极做好阅读指导工作。六是多渠道吸纳读者意见，改进服务措施。如设立读者意见箱、设计征询表、意见建议反馈表，在每个书库、阅览室均摆放一个读者意见簿等，让读者能够随时对图书馆的服务工作提出宝贵的意见和建议，同时图书馆应积极采纳读者合理化的意见和建议,并及时反馈给读者。读者如果能感觉到图书馆对他们意见或建议的重视,以后就会更加积极主动地为图书馆的发展出谋划策,这有利于提高图书馆服务工作水平。

第四章 >>

新时代图书馆读者服务模式研究

目前,尽管对数字图书馆的理论研究方兴未艾,而且存在分歧,许多关键技术问题仍有待解决,但研究者都把数字图书馆的服务模式作为数字图书馆的本质特征和研究的重点之一,为读者服务永远是图书馆工作的出发点和归宿。

第一节　数字图书馆读者服务的基本模式

从传统图书馆到数字图书馆,强调信息服务都是不争的事实,而且加强服务力度、提高服务层次的呼声越来越高,以用户为中心的集成化、多元化服务模式应是未来数字图书馆读者服务的基本模式。

一　数字图书馆的集成信息服务

传统图书馆向数字图书馆转变,其明显的特征就是工作重心的转变,从收藏向获取转移,从文献描述向文献传递转移,从提供文献线索向提供分析加工后的增值信息产品转移。网络环境下,随着人们对信息的及时性和前瞻性要求的提高,用户不再满足于检索出来的文献线索和大量原始文献,而是希望提供经过分析加工后的综合性的信息,甚至包含知识内容的增值信息产品,这种服务超出了传统图书馆的馆藏条件和技术能力,要求工作人员在检索文献线索并获取原始文献后再进行深度分析、综合加工,这便是集成信息服务的目的所在。

(1)数字图书馆的集成信息服务的含义。数字图书馆的集成信息服务是指对于某一特定领域或某一特定用户的信息需求,把信息资源保障体系诸多要素,如功能要素、信息要素、技术要素和制度要素,有机构成一个整体,使用户得到面向主题的信息服务。用户利用集成信息服务时,面对的是"一步到位"式的计算机界面,而后台则是整体化的信息保障体系,这个保障体系包括技术和制度两个方面内容,前者负责信息的采集、加工、分析与提供,后者负责信息资源的建设管理、质量管理、作业管理和知识产权管理。

（2）数字图书馆集成信息服务的组成。数字图书馆集成信息服务包括三个部分。一是信息资源的集成。数字图书馆的馆藏既包括本地馆藏,又包括虚拟馆藏,应把两者紧密结合成一个有机的整体。二是信息内容的集成。数字图书馆在检索文摘数据库而获得原始文献的基础上,对信息内容进行加工、综合,为读者提供增值信息产品,包括图像理解、语音识别、视频理解和情节理解等。三是信息技术的集成。数字图书馆应提供一整套技术工具,实现检索、采集、分析、加工和提供的无缝连接,实现各种服务方式之间的有机结合。

二　数字图书馆以用户为中心的服务模式

（1）以用户为中心的服务模式。它包含两层含义:一是按用户需求提供信息服务,即按"用户驱动"万方数据数字图书馆的服务模式为读者提供信息服务;二是按照用户或用户群的需求特点,来组织信息资源,创建个性化的信息环境。

（2）用户驱动的服务模式。传统图书馆以印刷型文献为中心,所提供的服务是以馆藏为中心的文献服务,重馆藏、利用率低是以馆藏为中心的服务模式的最基本特征,图书馆的一切工作和服务都是围绕馆藏开展的,尽管也提倡"读者第一""用户至上"的服务原则,但馆藏资源和技术条件的限制,使这一原则没有得到切实有效的实施。数字图书馆以分布式的数字化信息为馆藏资源,藏、用并重,甚至以用户为主的数字图书馆服务模式为基本特征。服务理念的改变、馆藏范围的扩展、技术条件的成熟,使得图书馆有条件、有能力考虑和实施面向用户的服务,充分挖掘数字图书馆的信息资源,尽可能满足用户的信息需求。

用户驱动服务模式主要有 7 个特点:一是图形化的、友好的用户界面;二是提供智能化的帮助程序;三是快速地将书目、文摘、索引、信息、文本和图像传递给最终用户;四是强有力的检索工具和先进的信息处理、分析工具;五是用户联机查询数字图书馆信息资源时,图书馆工作人员可以以电子方式参与其中,直到用户问题得以解决;六是全天候的电子文献检索、处理、传递和服务;七是充分研究和了解用户的现实信息需求和潜在的信息需求。

（3）个性化的信息服务环境。传统图书馆面对各层次、各种需求的用户只能提供统一的、最适合的服务,而数字图书馆则提供针对每个人和每一项特定任务的信息服务。所谓个性化信息服务环境,是指在数字图书馆环境下,读者可借助数字图书馆提供的一套工具来构建自己的个人馆藏,以满足读者和特定任务的需求,同时提高检索效率。个性化信息环境的工作方式是读者向某一数字图书馆申请一个账号,读者可以提交自己的检索策略,形成自己的描述文件,数字图书馆会通过软件将检索到的或更新的信息,自动分配到发出请求的个性化信息环境中。

三 数字图书馆的多元化服务体系

信息技术,特别是随着网络技术和多媒体技术的进步,数字图书馆在发展了传统图书馆的服务方式的同时,又推出了基于网络环境下新的服务手段,这样就大大拓宽了图书馆信息服务范围,形成集多种服务方式于一体的多元化服务体系。数字图书馆的读者服务既是对传统图书馆的继承,又是对传统图书馆馆藏信息服务的扩展,更是在传统图书馆基础上的发展和创新。

因此,图书馆服务的重点是从传统图书馆以文献借阅为主的服务方式所体现的"物的传递"转变为数字图书馆对读者进行知识援助和信息素质培养所体现的"知识的传递"。

第二节　智慧图书馆读者服务的基本模式

智慧图书馆是把智能技术运用到图书馆建设中而形成的一种智能化建筑。智慧图书馆是一个不受空间限制,但能够被切实感知的一种概念。智慧图书馆将通过联网实现智慧化的服务和管理,其中还包括云计算、智慧化的一些设备,通过这些来改造我们传统意义上的图书馆。

一　智慧图书馆的概念

智慧图书馆是建立在互联网和数字图书馆基础之上的新型图书馆,具有双重特征。智慧图书馆是在现代信息技术的支持下,提供无所不在、无时不在的信息服务;是在提供文献服务、信息服务、知识服务之后,提供以人为本的智慧服务,满足读者日益增长与不断变化的需求。互联网环境下的图书馆,其传输信息的手段、服务职能、组织方式和运行形式都被赋予了新的内涵和新的模式,专业化、智能化、创新化、网络化、开放化等将给智慧图书馆的现代化建设带来新的冲击和新的发展机遇。

二　智慧图书馆现代化建设的发展趋势

随着网络的日益普及,传统图书馆正在向自动化、网络化、向数字化、智能化、智慧化的方向发展,这是目前网络信息资源开发和研究的热点问题。智慧图书馆的构成要素主要包括互联网技术、智能设施、智慧化服务,同时也可分为三个层面:物质层面、技术层面和服务层面。

(1)图书馆馆藏载体的数字化建设现状。长期以来,图书馆已经习惯于收藏印刷型载体文献,多数读者也使用印刷体书刊。但是,随着现代科技的飞速发展,文献资料的载体形式逐步转向多元化、多样化,除了印刷型的书刊及报纸以外,视听型和数字型的电子出版物已经大量生产,而且越来越多的文献以网络为载体而存在,从而丰富了图书馆馆藏资源,使其更符合现代文献信息的传播特点和要求。

网络环境下,数字图书馆馆藏是以网络和高性能计算机为环境载体,向读者和用户提供比传统图书馆更为广泛、更为先进、更为方便的服务。数字图书馆不再是一种物理的存储信息的实体,而是一种跨地区、跨国家的信息空间、信息系统。它是以数字化的形式将分散于不同载体、不同地理位置的信息资源存储起来,并通过与高速信息网络互相联接,使用户在任何地方、任何时候均可获取所需的信息资源。

(2)图书馆读者服务的智能化发展趋势。图书馆传统的读者服务模式极大地限制了图书馆作用的发挥,利用网络资源代替了传统的手工借阅、加工、检索及柜台式服务形式,以此来提供优质、高效、方便、快捷的信息服务和咨询服务,促进图书馆读者服务手段的网络化、数字化、智能化发展。物质层面是基础,技术层面是关键,而最能体现图书馆核心价值和工作水平的则是服务层面。

网络环境下,管理自动化、载体数字化、服务网络化必将要求图书馆改变传统的服务方式,其阅览方式的变化是最为明显的。电子图书馆、虚拟图书馆、数字图书馆等智能化的新型图书馆已经出现,传统的阅读方式正向数字化的阅读方式转变,电子阅览、网络阅览等一些新型的阅读方式将日趋普及,极大地方便了人们的阅览。

(3)智慧图书馆信息传递的网络化建设。读者对信息需求的深化是推动图书馆利用网络提供信息资源服务的主要动力。智慧环境下,互联网的普及和局域网的建设为图书馆服务方式的转变奠定了基础。图书馆的网络服务体系建设是通过基础的网络设备的建设和通信条件的建立实现的,具体地说,它是由数字化信息的存储管理体系和信息的传输服务体系两方面组成,前者是指数字信息的获取、加工、管理的自动化,其中包含了功能强大的服务器数据库的建立;后者指图书馆的服务器与局域网、国际互联网的高速连接,并通过它们来提供优质的信息服务,从而达到以智慧化设备为手段,实现书与刊相联、书与人相联、人与人相联,为读者提供智慧化服务的目的。

(4)图书馆管理手段的现代化建设。计算机在图书馆的广泛应用,实现了采购、编目、流通、信息提供、参考咨询、编制索引等的全面自动化管理,同时推进了图书馆管理手段和服务方式的现代化及信息化建设。智慧图书馆的外在特征是泛在的,即在现代信息技术的支持下提供无所不在、无时不在的服务;而其内在特征是在提供文献服务、信息服务、知识服务之后,提供以人为本的智慧服务,满足读者日益增长与不断变化的需求。

智慧图书馆应该大力加强互联网信息网络建设,将信息资源尽可能地加以整理,通过主页为读者提供适时服务。图书馆馆藏建设也应该随之逐步由多种媒体并存向电子出版物为主的载体形式转变,阅览室建设也要实现网络管理,共同享用集成系统平台开展综合服务。加强网络系统的安全建设,通过防火墙访问控制列表技术保证读者的外网用户可以远程使用图书馆资源,同时控制其他非法用户的访问,通过交换机的 VLAN(即虚拟局域网技术)控制网络,通过防病毒软件保证系统的安全,通过身份认证保证用户合法使用图书资源。

三　智慧图书馆建设的制约因素

　　互联网技术在图书工作领域的应用，使藏书结构、服务手段等已经远远跟不上时代的步伐，图书馆工作人员应该重新审视自身，用发展的眼光找出差距，摆脱困境，积极主动地进行调整和完善，适应互联网发展的需要，才能不落后于现代信息社会的发展。

　　（1）馆藏建设缺乏多样化。专业图书馆为满足特定读者群的文献信息需求，必须服从于各项工作要求。由于存储的性质、传递的环境，仍有不少决策者认为图书馆处于一个辅助补充的地位，无关紧要，可有可无。馆藏建设要多样化，要处理好馆藏中的多种变量关系，即网络与图书馆利用的关系，网上资源利用和图书馆特色馆藏建设的关系，光盘、多媒体、电子出版物与印刷出版物的关系，以及不同类型读者需求与最大限度满足服务需求的关系，才能实现以需求为导向，以效益为目的，全方位地为读者服务的目的。

　　（2）专业人才培养不足。专业人才是图书馆建设最重要、最活跃的因素，是图书馆事业的核心，是图书馆事业的灵魂。目前大多数图书馆工作人员不仅年龄偏大，而且专业知识和专业技能偏低，知识结构单一，成为单位引进人才的"家属专区"和老弱病残"照顾"岗位。工作人员对专业知识的缺乏是影响图书馆现代化建设的重要因素。

　　（3）经费短缺、投入不足。专业图书馆服务于本单位教育、科研，是教育、科研的重要标志和重要设施，是不以赢利为目的的非营利单元，以满足读者群对文献信息的需求为己任。随着读者需求的不断增加，图书资料供不应求，书刊经费更趋紧张，工作者购置图书时，为了减少复本和死书，尽量缩短流通时间，即便这样还是不能满足不同读者的需求，这就使本来十分紧张的图书经费境况更加窘迫。

　　（4）服务手段滞后。专业图书馆在服务方式与手段上的滞后已严重地制约了图书馆事业的发展。如在思维观念上出现重理论、轻实践，重等待、轻实干，没有真正把图书馆的情报信息的职能作用放在首位，其主要表现：一是在服务方式上，对开展的信息服务重视程度不高，投入不够，仅停留在一般的信息汇编、信息发布和技术中介上，没有突出图书馆的应有职能；二是在信息源的控制与开发上，力度不强、手段不多、封闭自守的现象依然没有被彻底打破，存在行政隶属造成的条块分割、各自为战的局面；区域文献资源协调能力薄弱,信息服务集团化的优势和图书馆的社会文献资源中心的地位不高;三是在文献收藏上,随意性较大,使读者阅读一次文献后兴趣锐减,到馆阅读率大大下降;四是在文献检索上,检索渠道单一,对用户提出检索的专指程度未能采取相应对策,致使用户检索的满足率较低;五是在信息服务技术上,服务设备陈旧落后,与现代科技发展不相适应,仍以手工操作为主。

四 智慧型图书馆现代化发展与对策思考

图书馆要适应时代发展和读者的需求,一是要转变观念、打破壁垒、拓展思路,紧紧抓住知识经济的发展趋势和网络技术给图书馆带来的发展机遇和挑战,争取更大更多的经费支持和设备投入,强化服务手段,拓展服务渠道,开辟特色服务,加快信息资源数字化、网络化进程。二是要优化使用环境,在硬件方面体现在智能技术、数据资料、实体空间上等,在软件方面则体现在管理和服务上。智能化图书馆的构建既要重视技术,又要重视服务,让人工智能充当人与图书馆的智能中介。三是要实施数据驱动,通过信息搜集、信息分析、信息推送和信息反馈,为读者提供所需的精准信息。四是时空服务模式的延伸,24 小时智慧化图书馆不受时间、地域限制,把资源和服务延伸到读者的身边。五是服务方式节省效率,与传统图书馆相比,智慧化图书馆占地面积小,大大节省空间和建设经费,避免了人力、物力的浪费,保证了绿色生态可持续发展。

(1)信息资源建设向智能化发展。智能化是指图书馆通过自身建设、建筑、设备、设施都要体现出智能化的特征。一是图书馆工作人员对馆内的设施都安装了智能装置,并且采用无线射频识别即射频识别技术(RFID)对设施进行智能化的管理与控制。如古籍文献资料对图书馆环境要求很高,对所处的温度、湿度均有标准要求,是因条件不适宜很可能破坏了的文献资料。如果在智慧型图书馆中,安装了智能设施的馆内设备就会对图书馆各项指标实时监测,始终将图书馆的环境控制在最宜于保存资料的状态中。同时,对图书馆的阅读环境也可以进行指标优化,控制某个区域的噪音分贝,为读者创造安静、良好的学习氛围。二是订购有关的网络数据库,丰富文献资源,根据实际情况可选用国家科技图书文献服务系统,如提供全文服务的万方数据库、清华同方（CHKD）期刊全文数据库、（EMCC）中文生物医学期刊全文数据库、（CMCI）中文生物医学期刊引文数据库；也可选用（Medline）生物医学文献数据库及（Pubmed）文献数据库和（HighwirePree）网络站点数据库等提供自然科学免费全文网站，利用知识导航功能，检索相关外文资料。三是智能图书馆可以运用现代化网络技术、通信技术，实现读者与读者之间、图书馆与图书馆之间无障碍联通，实现馆际互借、资源共享。智能化的图书馆可以24小时开放，可以随时满足读者的阅读需求，并且通过不同的渠道与读者建立联系，及时为读者提供各种服务。四是智能图书馆可以通过互联网技术、信息技术等多种手段，将大量信息资源有效整合，建立统一的平台，通过平台向读者提供阅读资源，提高了图书馆经费最大化的利用效率。五是智能化的图书馆的信息资源实时保持更新。数据更新之后，镜像库也会随之更新，其联网的图书馆也会及时与更新资源同步。

（2）网络资源建设向专业化发展。图书馆在提高文献信息保障能力的同时，还应利用互联网的优势，建立网络学科专业指引库，对网上专业学术资源进行综合评估和筛选，通过原始收集进行分类和组织，处理好文献信息可获能力与获得能力，根据馆藏特色及专业设置，对印刷型文献、光盘数据库、网络数据库及馆藏数字化文献进行二次、三次开发，从而建立专题文献数据，以满足专业人员在文献信息资料方面的获取。

（3）人力资源建设向创新化发展。人力资源管理是现代管理理论在人事领域的进步，图书馆引进现代人力资源管理的理论，对于缓解人才危机，提高人员素质，具有现实意义。建立人才结构制度，对培养新时期复合型人才是图书馆现代化建设的基础环节，其目的在于树立新观念、新意识，对现有人员进行继续教育、在职培训、岗位教学等，不断用现代的、科学的模式，培养现代图书馆发展所真正需要的高素质人才。同时以人事、劳动、分配制度为突破口，形成一种激励机制，引进科学的管理方法，来调动人才的积极性和创造性，促进人才自身价值和社会价值的充分发挥。

（4）馆藏资源建设向智慧化发展。智慧型图书馆的智慧化主要体现在，一是资源智慧化。图书工作人员在本馆的每本藏书中都安置了智能化芯片，读者通过RFID技术的搜寻，就可以找到自己想要书籍的精确位置，方便读者查询各种文献。二是服务智慧化。传统的图书馆管理中，读者只能与图书馆工作人员沟通，向工作人员了解馆内有哪些藏书。如果安装智慧图书馆软件,图书馆工作人员运用智能化的技术,将原本分散的业务模块有效整合在一起,及时为读者提供精确、有效的信息。通过建立信息资源共享平台,可以根据不同读者的阅读兴趣与需求,有针对性地为读者提供智能化导读服务、语音服务、3D 实景导航服务等。三是管理的智慧化。图书馆应保持藏书的系统性、完整性和新颖性,这是对图书馆本身性质与职能的要求,图书馆的管理不仅针对馆内各种设备资源、文献资料,还包括对图书馆的日常维护工作,比如对图书馆整体的监控、对馆内文献资源的实时管理等。上海市图书馆率先开展了手机图书馆移动服务的多项创新举措。智慧图书馆融合了感知智慧化和图书馆服务智慧化,不仅提供图书馆的资源服务,而且通过人和知识的充分融合,为用户营造一个和谐的知识生态环境,提供更高层次的智慧服务。又如台北市立图书馆采用了无线射频识别(RFID)技术,建设了一个无人值守的智慧图书馆,通过感应装置实现用户的身份验证,通过自助借还机协助用户完成无人值守的借还操作,这种积极采取先进技术和创新措施,努力提高图书馆工作人员的素质,充分利用文献类型开展新项目服务是提高整个馆藏质量的重要举措。

公共图书馆和专业图书馆的发展前景充满着生机和活力,同时也任重而道远。以结合工作实际为原则,认真地考虑现代化建设各要素间的关系及其变化发展规律,借鉴有效管理经验,立足现实条件,及时调整完善,有效突出图书馆的作用和地位,从而赢得发展和进步,最终实现由传统型图书馆向着智能化、专业化、创新化、智慧化的图书馆转变。

第三节　新时代图书馆的创新服务

在新时代新形势下,图书馆面临着巨大的挑战,强化图书馆工作人员服务意识,建立特色化服务理念,已经成为可持续发展的重要因素。图书馆服务应该以读者为核心,站在他们的立场,提供有针对性的服务,在特色化服务实践的过程中打破传统观念,突显技术优势,最大限度地满足读者的阅读和获取信息的需求,为建立读者满意的图书馆而不懈努力。

新时代图书馆读者创新服务开展的现状

当前,我国已经进入信息化建设的新时代,读者对于文化的诉求日渐提高,图书馆在人们生活中的重要作用也逐渐突显。面对新的发展形势,图书馆必须突显出应有的作用,体现出图书馆对社会文化建设的推动作用,进一步突出自身优势,整合好人力资源和文献资源,坚持以读者为核心,创办特色化的服务方式,借助创新技术优化服务方法,唯有如此,才能提高管理的科学性,促进图书馆更好地发展。

调查发现,当前我国大部分图书馆在管理上都有了明显的进步,都在通过建立健全管理制度,积极落实个性化读者服务特色管理,激发人们的读书欲望,提升读者服务水平,进而提高全民阅读率。为了更好地了解读者对创新服务方式的应用情况,有些优秀的图书馆开展了创新服务调查。在问卷分析后发现,在创新服务开展之前,人们对服务的满意度为76.6%,而实施个性化服务后,满意度上升到了87.3%。大多数读者表示,随着阅读环境的不断优化和图书馆服务质量的明显提高,书籍文献检索更加便捷,更能够满足不同人群的读书诉求,大大地提高了阅读效率。

目前我国图书馆读者服务存在的不足

面向读者提供特色化服务是新形势下图书馆发展的新趋势,也是社会文化建设的必然要求。

(1)在服务方式上还较为落后。目前,读者特色化服务水平有待提升,服务重点依旧以纸质文献为主,图书馆"重藏轻用"的思想占主导,忽视了读者的核心地位。与此同时,服务模式、服务结构、服务观念以及服务组织都没有形成自身的特点,无法针对读者的实际情况,有针对性地开展特色化服务,不利于满足读者个性化需求,网络信息化优势也就无法彰显。

(2)图书馆工作人员服务水平不高。图书馆是一个地区的地标性建筑,从某种意义上而言,它体现着一座城市文化建设的综合水平。图书馆管理员的能力、意识、服务情况也直接影响图书馆在百姓心目中的形象。据调查发现,当前大多数市级和县级图书馆的管理员都存在知识老化的问题,对于网络技术掌握的不好,工作缺乏热情,惰性较强。近年来,国家投资的新技术和新设备也存在闲置现象,利用率较低,不利于推动特色服务的开展。

(3)新形势下图书馆读者服务创新较少。读者服务创新是图书馆可持续发展的主要动力,它主要是建立在以读者为中心的创新服务理念之上,实时根据读者的实际需求、阅读习惯、阅读情绪，合理地开发和利用有效的资源，调整人员配备，创建和设立良好的阅读环境，从而满足人们的服务要求。在当前网络环境下，数字阅读受到广大读者欢迎，部分图书馆因受经费问题制约，图书馆网络设备陈旧、设备配置率低，无力购买数字信息资源供读者阅读或免费下载，读者使用图书馆意愿不强，致使部分图书馆门前冷落。

三 图书馆基于信息技术开展创新服务

现如今，信息设备和网络技术已经得到了广泛普及，将其应用到公共图书馆读者服务特色文化建设中，也成为特色化发展的必然趋势。它能够实现资源的优化整合，实现设备的高频利用，实现管理的高效运营。具体而言，利用信息技术能够对每一位读者的阅读情况进行精准分析，了解他们的阅读习惯、阅读兴趣、阅读喜好，达到定期进行推送，向他们介绍图书馆的最新活动的目的。读者可以直接在网络上申请办理阅读卡。这样，既节约了时间，也提高了服务的针对性，让服务更有特色。

（1）成立全民阅读推广联盟。以打造"文化强国、文化强市"、倡导"全民阅读"为主题，推动和引领全民阅读活动持续发展，让更多的人享受阅读，营造书香城市的文化底蕴，增强全民的文化自信，形成具有地域特色的阅读新模式。

（2）组织实施全民阅读推广。组织实施好全民阅读推广活动，就必须要加强与各个图书馆之间的交流与合作，不断学习各个图书馆全民阅读推广的成功经验，逐步完善全民阅读推广管理机制，采取行之有效的宣传手段，联合新闻媒体和文化学者积极营造经典系列阅读讲演活动的良好氛围，引领全社会积极参与全民阅读活动，从阅读中汲取营养，为建设文化强国、文化强市，贡献出一份智慧和力量。

（3）创建智能机器人学习室。智能机器人作为一种包含相当多学科知识的技术，几乎是伴随着人工智能所产生的。一是智能机器人具有云计算、大数据、人工智能、移动互联、内涵优质教育资源等特点，受到小读者的喜爱。二是它能够针对各年龄段的小读者的声音建立模板，满足孩子们的声音识别、英语对话和朗读等相关需求，贴合孩子们的趣味特性，提升孩子们学习兴趣，解决孩子的学习问题，帮助孩子们提高通往未来的起点，达到学习与娱乐双丰收的目的。三是智能机器人学习室是最受读者欢迎的图书馆服务方式,它为小读者提供了更为便捷的阅读服务,能够锻炼他们的阅读能力,实现思维的拓展,激发他们对书籍阅读的兴趣与爱好。

第五章 ≫

图书馆管理与服务创新研究

随着体制改革的不断推进,各行各业与图书馆均面临着严峻的挑战,图书馆从单一的管理到内在运行机制上都发生了深刻的变化,无论在内容上还是在形式上都注入了文化的色彩,迫切需要创造出以社会主义精神文明建设为中心的健康、和谐、文明、积极向上的文化氛围。

第一节 图书馆管理与文化建设

图书馆在文化建设中的重要性突显,同时也伴随着文化的渗透而独具特色,应通过塑造高尚的精神文化,来增强图书馆与读者的凝聚力,为树立良好的社会形象起到积极的推动作用。

一 图书馆文化建设的内涵及特点

图书馆文化建设是指在一定的社会经济条件下,通过社会实践所形成的并为全体成员所遵循的共同意识、价值观念、职业道德、行为规范和准则的总和,它是在提供文化服务过程中逐渐形成的以价值为核心,独立的、独特的文化管理模式,是存在于广大图书馆工作者心灵深处,与其人生观、世界观、价值观交叠融合形成的新的、稳定的核心价值理念。这种理念会产生一种积极向上的凝聚力,会对读者在思维模式和自由行为产生某种约束,而这种约束会让一代接一代的读者稳定地传承。

(1)文化建设是图书馆的核心竞争力。文化建设是一种凝聚力,是一种引领力,是一个长期发展的凝聚了几代图书馆建设者心血的产物,营造了以人为本的人本管理工作环境,创造了一种积极的、爱岗敬业的良好氛围。图书馆的管理制度、准则、观念对图书馆工作人员行为规范都能起到一定的约束作用,从而实现自我管理的目的,保持良好的职业道德,有利于调动图书馆工作人员的工作积极性和创造性,增强事业心和责任感。同样,一个人或一个图书馆没有创新发展的文化理念,没有标准模式,就不可能形成核心竞争力,文化是守不住的,因此必须不断地创新,与时俱进。

（2）图书馆文化建设的特点及作用。图书馆文化是图书馆之魂,第一,它反映了图书馆的行业特点,独特的价值观。第二,铸就追求卓越的精神风貌,使文化建设约束、统一、协调每个图书馆工作人员和读者的行为,发挥着有效的导向作用、激励作用和凝聚作用。第三,在长期实践中逐渐积累的文化体系,具有以下四个基本特点。一是差异性特点,图书馆要有自己的特色,要有吸引读者的突出特点,形成一种差异优势,实现"人无我有、人有我优、人优我精、人精我特"的文化建设目标,并把这种目标贯穿到采访、编目、流通、借阅、咨询、检索等具体工作中。二是时代性特点,顺应时代对图书馆的发展要求,不断创新观念,瞄准图书馆发展趋势,紧跟时代的步伐,将图书馆网站打造成集搜集信息、加工信息、整合信息、存储信息、传递信息、检索信息及网络导航于一体的综合性知识服务平台,这也表达了与时俱进的文化建设目标,并为下一步图书馆创新工作打下坚实的基础。三是制度性特点,制度是图书馆事业发展的保障,既是图书馆的办馆规程,又是图书馆工作人员与读者利用图书馆的行为准则。制定和完善日常行为标准、制度,明确权利、责任,提高图书馆服务读者的质量、效率。制度的制定不仅仅是有章可据、有法可依,实行依法治馆,保证图书馆管理的制度化、标准化和有序化。四是群体性特点,图书馆要实现其管理目标,必须要有凝聚力,要把每位读者团结在以实现图书馆文化建设理念为最高追求的目标之下,形成一个统一的有机群体,达到行动上的一致。图书馆文化犹如一个庞大的磁场,使图书馆工作人员在思想上能够高度统一,行动上高度协调,发挥整体效应,形成合力,朝着共同目标前进。

图书馆作为一种文化设施,它不仅是一个藏书场所,更是一个文化中心、一个传播文明的基地。一是城市发展、科技进步、文化传承、文明演化等文化建设的所有记录均可在图书馆的收藏中找到其发展的脉络;二是利用图书馆丰富的信息资源和温馨的环境组织开展读者服务、读书指导、专题讲座、文化展览等活动,能够营造浓厚的人文科学文化氛围,有利于高品位文化素养和高尚道德情操的培养,使广大读者树立正确的人生观、价值观。

（3）图书馆与图书馆文化建设的关系。图书馆文化建设是现代管理和社会文化建设的组成部分,是图书馆发展过程中形成的独具特色的物质文明与精神文明的结合体。图书馆文化不能单纯被认为是思想文化,它的外延也涉及技术文化、藏书文化、阅览文化和娱乐文化等,既有物质文明范畴的内容,也有精神文明范畴的内容,可以说图书馆文化是社会文化延伸的再现。

（4）图书馆是营造文化建设氛围的重要基地。图书馆作为一个知识、信息、教育、科研及读者阅读的重要基地,从本质上起到文化、信息传递的作用,而文化的内涵不仅是在于死板现成的图书、报刊,更多的是一种思想影响和文化熏陶的过程。这个过程,既影响着读者的价值观念和人生信念,也影响着文化建设的内容,体现出核心价值体系和职工内心深处的特色和精神,发挥图书馆对文化的导向作用。通过文化价值的摄取,获得人生的全面体验。读者在这里不仅要学知识、学文化,更重要的是学会如何做人,受到世界观、人生观、价值观的教育。

二 图书馆文化建设的形式

图书馆文化是图书馆在发展过程中形成其自身特有的思想、意识、观念和状态,以及与之相适应的制度、行为和组织形式。图书馆文化建设的形式是多方面、多层次的,主要包括环境建设、资源建设、制度建设和服务建设四个方面。

（1）环境建设是构建图书馆文化的基础。图书馆环境文化是图书馆文化构建的基础,美好的环境有利于树立图书馆良好的形象。

（2）资源建设是构建图书馆文化的主体。拥有一定数量的馆藏文献是图书馆生产和发展的基础,也是图书馆文化的主体。应重视馆藏体系建设,在文献布局上充分反映出本馆的特色,并经过不断地调整、充实、完善和发展,逐渐形成自己特有的馆藏文化,着力树立品牌形象。

（3）制度建设是构建图书馆文化的保障。图书馆规章制度具有显明的规范性、稳定性和强制性,是图书馆工作人员与读者必须遵守的行为准则。制度是一个相对的概念,并不是一成不变的,它的内容与形式是应于与时俱进的,随着不同时期、不同要求有不同的变化。在建设图书馆制度时,应结合工作实际,结合时代要求,形成客观、合理、规范的图书馆制度文化。

(4)服务建设是构建图书馆文化的目的。图书馆的服务品质决定了图书馆的文化层次,图书馆文化是通过服务来具体体现的,是图书馆以读者需求为中心的一切工作的出发点和立足点。

三 图书馆文化建设的意义

图书馆文化对图书馆事业的发展起着极其重要的作用,其存在的目的是为了提高读者的文化素质和生活质量,彰显和提升读者的文化品位,培养精神品质,促进文化发展和综合竞争力。

(1)图书馆是传播精神文明建设的重要窗口。图书馆作为文化宣传部门,极大地丰富了文化建设的内涵,丰富了广大图书馆工作者和读者的文化生活,展现了积极向上、和谐安定、团结奋进的精神面貌。此外,图书馆也成为人们对高品位生活的一种追求,读读书、翻翻报,读者不但可以陶冶情操、增长知识、触发自己的灵感,而且可以在知识的海洋中消除一天繁忙工作的疲惫,重新焕发激情和力量,更有利于投入下一步的工作和生活。

(2)图书馆是读者提升自身文化修养的重要场所。图书馆是文献信息资源的中心,是服务于教学、科研的学术性机构,是收藏文献信息,进行情报检索、参考咨询的重要基地之一,是文化建设教育的平台和窗口。近年来,随着人民生活水平的提高,人们越来越自觉地提高自身素质和文化水平,图书馆工作人员在全国各地相互学习进修,科研课题数量递增,这些活动加大了工作人员对技术情报的依赖性。为使读者及时掌握国内外研究的进展,图书馆为读者提供精准的定题代查服务,真正体现了文化建设在图书情报工作中的作用。

(3)图书馆是见证和保存文化发展历史的重要部门。图书馆历来就是文化研究和文化创新的重要部门,它见证了历史上的许多文化巨著、文化精品的产生。任何科学研究,从研究课题的确立,到研究的进行,再到研究的创新,都是从现有的、丰富的资料出发的。图书馆储存的文化资料具有多元性、前沿性、全面性和历史性的特点。多元性,是指几乎包括所有的学科,可以给任何学科的研究提供文化资源;前沿性,是指为课题的选择和确立、为研究的进展,提供灵感、动力和依据,是提供最新的文献资源的保证;全面性,为研究成果的准确性、正确性奠定基础;历史性,是全面性不可缺少的,它是提供每个研究课题的发展历史,是任何研究课题得出规律性结论所必不可少的。

(4)图书馆是文化教育和文化传承的重要基地。文化建设以人为本,归根结底是要提高人的素质,促进人的全面发展。图书馆在形成全民学习、终生学习的学习型社会中有重要的作用。在学习教育中,图书馆是第二课堂,是面向各行各业、面向全民公众的大课堂。作为大课堂,它不受时间、空间、地点、年龄的限制,可以满足不同职业、不同专业、不同学历、不同年龄和不同文化程度的读者的需要。

概括地说,图书馆文化建设推动图书馆建设,是图书馆存在与发展的内在动力源泉;而图书馆本身就是文化建设的一个极其重要的方面,并且是推动整体文化建设重要的思想库、资料库,是传播精神文明的重要窗口、提升自我素质的重要场所、见证和保存文化发展历史的重要部门、文化教育和文化传承的重要基地,在各种文化基础设施建设中占有特殊地位和具有重要的意义。

四 图书馆建设与文化建设互助发展

新形势下的图书馆建设不再是被动的收集、管理和保管资料,而是以管理决策服务、统计分析服务、计算机网络服务等形式集合的信息元素状态为依据,在文化建设中起辅助决策、存储数据、优化指标和传播知识的作用。它承担着宣传先进文化思想、促进经济建设、传递情报信息、提高教育水平、丰富文化生活的重任,它是营造文化氛围、建设文化的重要机构。积极开展和传递信息,不断扩大信息服务功能,拓展主动信息服务领域,是现代化图书馆发展的方向。

(1)图书馆建设与文化建设是相互促进的。图书馆建设与文化建设之间存在着一定的共性。一是文化上的共性,图书馆建设与文化建设都具有人文科学的精神,同属社会文化的范畴,在文化属性上具有一定的共性;二是目标与对象的一致性,图书馆作为文化活动中心,不仅是读者学习和巩固知识的场所,也是读者进行学术交流的空间场所。图书馆是文化建设的积淀、折射与反映,文化建设提升图书馆的核心竞争力。图书馆通过管理、馆藏、服务来营造一个健康的、积极向上的文化氛围,使读者在汲取知识的同时,心灵得以升华。

（2）图书馆助推文化建设。图书馆拥有丰富的文献信息资源,馆藏载体多样,种类繁多,它能全面地支持、服务、支撑文化建设,同时也影响着文化建设的总体发展质量水平。图书馆所体现的文化依赖于读者利用图书馆文献资料的实践活动,如读书活动、专题讲座、社团活动、宣传栏、演讲比赛等都营造出一种积极向上的文化氛围。如国内部分知名图书馆为传承百年文化底蕴,在图书馆大厅或明显位置特意建立了图书馆标志性景观、办馆理念、特色馆藏标识等,直观全面地展示了图书馆文化,图文并茂地再现了图书馆的百年风雨历程和人文底蕴,使每一位到馆的读者直观真切地感受到图书馆深厚的文化底蕴和辉煌的发展历程。

（3）文化建设为图书馆提供新的发展契机。无论是图书馆环境、馆藏内容,还是文献资源的提供方式,文化建设在对图书馆提出新的要求的同时也为图书馆的发展提供了新的思路。图书馆为了吸引更多的读者,不仅要重视馆舍建筑、馆室布局等物质文化环境,更要重视包括行为文化、制度文化在内的精神文化建设。在日常工作中,如日常的行为规范、岗位职责、业务流程细则、奖惩管理制度、图书借阅规则等,图书馆要根据不同时期的特点,不同时期出现的新情况、新问题,不断完善规章管理,健全规章管理制度。在馆藏建设中,应加强馆藏文献的收藏,努力扩大馆藏范围和馆藏特色,把图书馆的工作和文化建设有机结合起来,利用电子阅览室、网络、纸媒等形式,把图书馆真正建设成为一个宣传、教育、信息服务为一体的重要阵地。

第二节　创新图书馆读者服务举措

信息时代的今天,社会信息化的特征越来越显著,读者查找信息的难度越来越大,在面对众多文献"无从下手"的情况下,迫切需要一位图书馆管理员能引导他们能快速地获取所需求的文献信息。为了更好地为教学、科研工作提供文献信息保障,可在图书馆推行实施首问负责制,从读者角度来评价、监控、管理图书馆。

一　推行图书馆首问负责制

目前，读者对信息资源的需要不断地复杂化、多样化、便捷化，如何给读者提供满意的、准确的信息资源和情报检索服务是衡量图书馆读者服务质量的重要标志，以最大程度开发信息资源为宗旨，充分满足读者需求为目标。推行接待读者的首问负责制是实施读者服务满意战略的重要举措，是提升图书馆服务形式、服务质量和服务水平的有效途径，也是图书馆发展的趋势和必然的选择。

1. 首问负责制的内涵和要求

首问负责制也称为首接责任制或首问责任制，是指最初接受读者咨询和请求的图书馆管理员，作为首问负责人，负责接待、答复、解答或引导提问的读者，或指导读者到有关部门进行征求解答，直到读者的全部问题得到有效解决，并达到读者满意为止。图书馆首问负责制实施细则明确要求：

（1）首问负责人受理读者咨询和请求。内容包括当面咨询、电话咨询和网络咨询等。

（2）首问负责人要热情接待、详细解答。要按照图书馆有关规定及时办理，属于本部门或本人职权范围的且能当场解答的问题，不得以任何借口推诿、拒绝、搪塞读者；不能当场办理的或当时作答不了的，要一次性告知有关办理事项和需要携带的有关材料，做到第一首问，负责不推，保证做到读者有问而来，满意而去。

（3）及时回复读者。对读者提出的问题，不属于首问负责人职责范围的要主动引导和联系经办人，经办人不在时，首问负责人要将读者需办信息及联系方式进行记录，尽快转交经办人办理，并及时回复读者。

（4）应尽力给予帮助和指导。对不属于图书馆工作范围的读者咨询和需求问题，应向读者解释并尽力给予力所能及的帮助和指导。

（5）妥善解决读者的质疑。读者如对图书馆的制度或服务提出质疑，首问负责人要从大局出发，将所反映的具体事项、内容进行记录并留存联系方式，及时报告有关领导妥善解决。

（6）纳入评议考核。首问负责人的执行情况将纳入年终的图书馆目标考核内容，作为图书馆管理员年度考核和评议评优的依据之一。

（7）挂牌上岗接受监督。图书馆所有工作窗口应文明用语、微笑服务，杜绝"门难进、脸难看、话难听、事难办"等现象,均要挂牌服务,随时接受读者的监督。

2.首问负责制的目的和意义

图书馆是面向读者进行信息服务的,它的全部功能体现在以服务来实现人与信息之间的双向交流,并通过图书馆有效管理与开发手段高效地达到服务的最佳效益。实施首问负责制,是图书馆的创新服务理念,体现了以人为本的先进服务思想。

(1)增强责任意识。首问负责制指以制度约束要求图书馆管理员树立以读者为重的服务理念和"到我为止"的服务意识,以真诚服务于来访、来电、网络咨询的每位读者,并为其提供全面、及时、准确、满意的服务,指导读者解惑,直至读者满意为止。这一制度增强了图书馆管理员的责任意识和使命感。

(2)增进自身素质。读者从事各个专业、多个角色,有的是专业教学、科研的主体,他们对文献信息的需求越来越精准化、前沿化,对专业知识的要求越来越有实用性、指导性。首问负责制是检验图书馆管理员的整体素质和业务能力的一种手段,促使其能够学习业务知识和掌握专业技能,推进图书馆建立一支懂业务、善管理的人才队伍。

(3)健全管理制度。强化"应答"服务理念,按照图书馆各个岗位需求,制定每个服务单元的岗位职责、岗位说明、岗位公约、岗位内容及注意事项;细化《首问负责制细则》,对服务范围内和服务范围外的内容做明确的规定,做到首问责任不推、有问有答满意;建立处罚制度,对因推诿发生的纠纷和投诉,按规定处理和处罚。

(4)建立反馈机制。建立反馈服务平台,实时了解和掌握读者的需求和意见,使读者也有机会围绕图书馆服务表达自己的新想法和新要求,对所提出的新建议、新措施被采用的读者给予一定的物质奖励,从而吸引更多好的意见和建议来提高图书馆读者服务水平。

(5)提升服务质量。读者服务的满意度与服务质量成一定的比例,服务质量好,满意度会上升。以"我理想中的图书馆"和"图书馆品牌建设与文化服务"为题进行征文,收集了多项提升服务的"金点子"及具体服务措施,有效调动了读者与图书馆管理与服务的积极性,建立健全了以服务为导向的服务质量保证体系和服务全过程监督体系。

3.首问负责制是提升读者满意度的最佳途径

为了提高服务质量和服务水平，很多图书馆将首问负责制引入管理中。

（1）首问负责制是建立读者满意度的必要前提。读者满意度是读者在接受图书馆读者服务后对图书馆服务质量的满意程度，是超过读者预期的一种感受，也是测评图书馆服务水平的评估指标，是读者对指定服务过程中的直接体验和亲身体会。

（2）开展首问负责制专题培训，建设有温度的图书馆。2019年4月青岛市市立医院推出"全程温度服务工程"行动，在该行动基础上青岛市市立医院图书馆召开了服务提升系列培训会，从首问负责制、一站式服务到服务礼仪、电话接听礼仪、窗口问答规范等方面做了全方位培训。通过专题培训，创新了图书馆服务项目，实现了闭环式管理，推行了"零跑腿"及"一站办好"服务，首问负责制的实施为读者解决疑难问题提供了快速、高效地信息资源。

（3）关注首问负责制过程管理，发现短板即刻整改。由值班组长作为首接首问负责人，读者担任"体验官"，依据巡查清单，亲身体验读者从进入馆到出馆、从借阅到咨询、从检索到命题查找的全方位读者服务流程。同时努力从读者角度，发现服务态度、服务流程、阅读环境、阅读安全、书库管理、检索卡片等各个工作细节存在的问题，通过巡查掌握了服务中的短板和盲点。延长图书馆借阅时间，增加检索语言课程培训，对图书馆工作人员及区域保洁员的工作进行了有效调整；增添部分电子设备、在第一时间为自主打印及复印的读者加纸，为年长读者配置了老花镜、坐垫等，在这些服务细节问题，值班组长在现场解决的同时，图书馆也针对问题建立长效机制，杜绝管理盲点，提升了读者服务的满意度。

4.实施首问负责制提升了图书馆工作人员服务质量

首问负责制以读者满意为原则，服务读者是图书馆工作的核心，读者的满意是图书馆工作的宗旨。首问负责制的推行和实施，将进一步深化和拓展优质服务的内涵，提高读者的满意度。

（1）转变观念，提升了管理人员的服务质量。多年来，由于图书馆工作人员在认识上、态度上、制度上以及意识上的偏差，普遍认为图书馆不同于商业环境和一些公共服务机构，不愿意把服务与图书馆工作联系起来，对于"最大化满足读者的期盼和需求""读者至上，服务第一"只停留在口头上，而不是在实际上体现。实行首问负责制就是以制度强制要求图书馆工作人员对读者的咨询负责到底,在解答或指引读者解决问题的过程中,通过转变观念,提高图书馆管理人员的服务意识和服务质量。

(2)首问必答,增强了管理人员的责任感。"一切为读者,满足读者对图书馆的一切需求"是图书馆的服务宗旨,也是每个图书馆工作人员的义务和责任。图书馆现设有借阅部、参考咨询部、期刊部、采编部、技术服务部等多个部门,放在一楼大厅,读者一进门处增设 1 个咨询台,通过口头、电话和网络等手段满足读者各种问题的咨询。遵循的原则是:首问必答、首问必释、首问必果。一般性咨询当场解答;业务问题尽量当场解答或指引到相关部门、相关人员解答;层次较深的问题预约解答。读者咨询的问题,不管是否为自己岗位职责之内,只要成为"首问负责人",就必须承担解答咨询的义务和责任,"首问负责制"是图书馆宗旨执行落实的具体化,是职业道德的具体化,是敬业精神的具体化。

(3)首问必释,提高了管理人员的业务素质。由于长期以来图书馆都是引进人才家属和老弱病残职工的"最佳岗位"安置处,很少人把图书馆工作当作事业去追求,工作上不求有功,但求无过;思想上安于现状,不思进取,以致知识结构老化,有的甚至不了解馆藏和馆内的检索工具,知识落后于图书馆事业发展的步伐,更难以适应信息时代发展的需求。面对读者的咨询,心中无底,不知作答,只好迫使其学习业务知识,掌握基本技能。

(4)首问必果,有助于职业道德建设。职业道德是指从事一定职业的人员,经过职业活动实践和职业道德理想、意志培训,所达到的表现在职业工作上的道德品质状况。推行首问负责制是图书馆工作人员通过对服务读者的行为进行有问必答,有疑必释,有问必果的执行规范,最终内化、活化为"欣然而为"的价值观念和行为方式,即职业道德品质。

二 图书馆推行多学科协作(multi-disciplinary treatment, MDT)服务模式

随着一些新兴学科、相关学科和交叉学科的不断涌现,跨学科、跨专业和多学科的教研活动的日益增多,这些新的研究领域超出了传统的学科划分体系,随之而来的新的服务需求也超出了过去传统的学科知识结构,图书馆工

作人员已经很难再按照既有的学科分类体系来提供相应的学科服务,用户对特定领域的知识和技能需求的日益增长,已经超出一个图书馆、一个部门所能承受的范围。当前学科服务的供需矛盾不断凸显,要将读者服务质量深入推进,就必须要在现有学科服务模式的基础上,开拓创新,引入协同机制。不仅要在图书馆内部协同,更要拓宽思路,争取更多的外部协作机会,以多种学科协同化的服务模式来更好地为用户提供准确的服务。

1. 学科服务的特点

(1)学科服务的含义。学科服务是一种以用户为中心,以用户的需求为驱动力,以一定的学科资源为基础,并应用一定的技术手段,主要通过图书馆学科管理人员来进行的面向用户的信息服务。学科服务的主要目的是借助一定的技术手段,为用户的个性化信息需求实现由文献提供向学科知识服务转移的过程,学科服务的最终目标满足信息用户的信息需求。

(2)学科服务的特点。学科服务与传统的图书馆服务相比,有着自己鲜明的特点。主要体现在以下6个方面。一是服务的地点,学科服务的地点已经由过去的固守在图书馆中,转变为主动到用户中去;二是服务的起点,学科服务的起点已经不再是基于图书馆,而是基于用户的需求特点;三是服务的深度,学科服务不仅仅提供传统的文献服务和信息服务,还更加强调知识多样化、信息服务的全面化;四是服务的内容,学科服务更加注重对用户信息环境的优化,为用户提供多层次、专业化的信息服务;五是服务的特点,学科服务是针对不同用户的不同需求提供的个性化定制服务,不是无差别的通用服务;六是服务的媒介,学科服务的手段多种多样,如充分利用电话、电子邮件、纸传媒和社交媒体等各种手段。

2. 多学科协作服务的特点

(1)多学科协作服务的含义。多学科协作服务是指为了提高学科服务的质量和水平,根据用户的具体问题和学科环境,图书馆管理人员或者管外互借协作成员,通过互动合作或者整合等方式,直接融入为用户解决问题的过程中,以学科信息知识的搜集整理、组织分析和重组为基础,所进行的多方位、多渠道、多层次、多形式的协作。这种多学科协作的服务方式可以实现服务共享和平台共建。

(2)多学科协作服务的特征。多学科协作服务就是按照学科、专业、项目等教学科研行为和特点来组织信息服务,使服务内容知识化、专业化、学科化,从而提高信息服务对用户需求和用户任务的支持力度。多学科协作服务区别于单个学科的独立式的工作模式,它适应了信息环境发展的需求与用户的需求,在学科服务实践中逐渐被推广和使用。主要体现在以下几个方面。一是协同的目标,多学科协作服务是以创新服务为导向的,其实质是通过协同合作来提供知识创新服务,它支持知识创新与服务创新,最终目标就是通过多学科协作来实现服务效能的质变,最大限度地满足学科用户的各种信息需求。二是协同的要素,多学科协作服务是一种汇聚了人力、资源、技术等多种要素共同参与的全方位、多层次、复杂化的合作,协同的内容并非只局限于信息资源本身,而是将人力、资源、技术、信息服务机构、信息基础设施等资源,聚合为一个有机运行的整体。三是协同的目的,多学科协作服务是以互动合作为途径,是依托于图书馆工作人员、读者、馆际互借协作成员或学术研究机构等实施主体,并通过多方互动协作和资源整合的方式来实现。四是协同的方式,多学科协作服务方式是以双向协同为动力,参与协同服务的各方都是协同方,都是协同的策划者和受益者,共同参与、协同合作,共同分享协同的成果。五是协同的优势,主要是弥补人力资源的不足和文献数量的不足,开展协作式的学科服务,能够整合团队的优势,在一定程度上能够弥补传统学科服务模式中图书馆工作人员在数量、经历、学科及知识背景等方面的不足;协作化的团队工作模式打破了部门和地域的界限,具有灵活性和多样性的特点;取长补短,紧密合作,协同服务,能使图书馆工作人员形成知识结构的互补;分工合作,聚合群体之力,才能保障学科服务的专业化水平;通过这种资源和人力的优化组合来推动学科服务工作的深入开展,保障有更多的资金去购买或聘请更多的具备学科优势的图书馆工作人员。

3.建立多学科协作服务模式的总体要求

（1）制定明确的工作目标。多学科协作服务团队要想顺利地完成一个课题或某个项目,首先要有明确的目标,没有目标就没有努力的方向,也就无法汇聚团队成员的凝聚力。在制订目标时,学科团队的每一位成员最好都能积极地参与共同目标的制定,通过集思广益,共同制订出符合成员共同利益且符合实际的目标。

（2）制定相关的服务制度。制度建设是一切活动和项目得以顺利进行的基本保障,在进行协同化学科服务项目的过程中,必须通过相应的制度来明确每位团队成员的职责和义务,使协同服务更加规范、具体、有章可循。

（3）建立有效的考核评价体系。由于学科服务的实施主体是以图书馆工作人员为主的协作团体,因此,图书馆工作人员自然也就成为被评价和考核的主体,根据团队成员共同制订的目标和具体工作计划,进行分阶段的评估。在制订评价时,采取五项措施,即团队内部成员互相评议、用户满意程度、团队自我评估、团队负责人评估、图书馆领导的评估。特别是要建立相应的工作激励机制,充分调动团队队员的工作热情,在实践中进一步地促进团队更细致、深入地开展学科服务。

（4）建立沟通交流机制。协同化学科服务是团队合作,团队成员之间一定要保持良好的沟通和交流,由于合作者之间难免会存在地域、文化,甚至是语言上的差异,在合作项目的进行中要设法来克服这种空间距离和文化差异带来的困难,在求同存异的理念下积极推进彼此间的协作。

（5）应用好高新技术。在当今 Web2.0 环境中,图书馆提供的各项服务几乎都很难离开计算机以及现代化网络通讯技术的支持,尤其是对于一些隔着时空距离的远程协作项目,不仅是提供学科服务过程中的一些软件、平台或者数据库需要,协作成员之间的沟通和交流也必须依赖现代化的技术设备和通讯软件的支持才能够顺利实现。

（6）合作关系的可持续发展。多学科协作服务模式是一项创新性的工作模式,在合作进行的过程中,随时可能会遇到各种新情况、新问题。此外,多数合作项目所遇到的新情况、新问题都是一些临时性、突发性的,伴随着某个项目的完成,这种良好的协作关系很有可能也随之结束,因此在进行协作服务时,应该关注这种合作关系的可持续性发展问题。

4.如何运用多学科协作模式提升综合能力

（1）针对读者需求,主动开展服务。目前衡量图书馆的服务能力和服务水平的标准,不是在于图书馆的馆藏文献数量和馆藏建设的规模,而在于能够承接多学科文献信息拥有量及对多学科协作服务提供信息的数量和处理加工及采用比例。传统的手工检索的模式正逐步被数字化网络环境下的新时代图书馆信息载有量的模式替代,实现"现代转变",一是从馆藏式印刷型文献信息的静态管理向动态数字化网络化提供文献情报模式转变;二是由传统的借阅式的服务方式以书刊管理为主正朝着文献信息的导航和文献信息的提取、重组、快速提供的方向转变;三是服务能力由人工借阅式和人工查找方式,向专业化、精准化、自动化、网络化方向转变;四是走出落后的图书馆管理方式,直接参与到读者的科研中去,从而高标准地实现由传统的被动服务向主动式、参与式的多学科协作提供服务模式的转变。

（2）针对读者需求,开展创新服务。图书馆工作人员的素质直接影响着图书馆的竞争能力,情报管理员一定要有强烈的服务意识、主动意识、参与意识,只有敢于和善于参与,审时度势,形成优势和特色,找准自己的位置及发展空间,才能不断增强图书馆的竞争能力。在目前现有的文献馆藏和设备条件下,不断发挥自身的优势和服务特色,通过通信设备、计算机网络等先进技术,拓展图书馆服务职能和服务功能,充分利用各种各样的载体,通过书讯、简报及讲座等方式揭示馆藏文献信息,强化文献信息的加工能力宣传,通过对馆藏文献的加工汇总、编录成题录、索引、文摘与全文于一体;也可通过微信、QQ、电子邮件、院内区域网络等多种载体及时推送给用户,以方便读者使用。

（3）针对读者需求,开展定题服务。根据不同读者对不同信息的不同层次的需要,收集和提供某一项或多项多学科协作服务,为特定的课题科研人员提供锁定范围的多学科协作服务。一是针对教学、科研的需求,获取和使用文献信息已经成为读者在教学科研中的基本习惯,庞大的信息资源和繁忙的教学科研任务,读者在利用文献资料的同时会遇到一些难以解决的问题和困难,读者希望图书馆能够对所涉及的学科信息资源进行定题服务,通过对专业文献的选择、组织、过滤、整理、评价等提供有针对性的服务以便发挥更大的作用。二是利用文献信息撰写专业论文。针对撰写论文提供所需的检索与查重手段,主动采取下科室征询需求以改进征订措施,把有限的经费用于订购电子期刊和数据库。三是针对继续教育的需求。把读者进入图书馆的频次进行按月、季度或年度统计,并将其通过教育学分制的方式呈现出来,极大地激励了读者到馆的积极性,提高馆藏文献的利用率。四是利用文献信息进行自修。适当延长图书馆开放时间或在假期适当开放,或设定一些热门或疑难问题,提供有效佐证文献信息,组织多专业、多学科、多角度辩论及讨论,有利于读者在繁忙工作之余可以查阅有效信息来充实知识、拓展思路,提高相关学科与交叉学科的知识面。

（4）针对读者需求,提高素质能力。提高图书馆工作人员多学科协作素质能力是深化主动服务的先决条件,具备为读者提供多学科协作优质服务能力,图书馆工作人员必须是具备一定的专业知识;图书馆工作人员具有一定的计算机检索能力,掌握1～2门外语等复合型人才。图书馆工作人员走出图书馆,直接参与到教学、科研中去,提高图书馆多学科协作主动服务能力,使图书馆朝着全方位、多层次、多学科的服务方向发展,使读者及时获取所需要的信息资源,享受高层次的信息服务。

三 实行图书、档案、信息一体化管理

知识经济作为一种新的经济模式,与以往的经济形态相比,其最大不同在于它的繁荣不是直接取决于资源、资本、硬件技术的数量、规模和增量,而是直接依赖于知识或有效信息的积累和利用。信息一体化管理的过程,实际上就是信息的收集、加工与决策过程,其目的是为全面提高教学、科研、管理水平,为读者提供优质服务,提高文献资源的利用效率,增加图书馆文献利用率,从而获得最佳的效益。在此情况下,图书馆经营管理的情报、档案、信息工作出现多元化管理局面,要想适应经营机制转型,就必须改革教育理念,建立一套复合型管理队伍,培养创新人才,实行图书、档案、信息管理一体化、网络化,充分开发有用的信息资源,通过多种渠道提供综合精准的信息服务。

1. 目前基层图书、情报、档案一体化管理的现状

随着信息化时代的到来和网络技术的飞速发展,传统的图书、情报、档案各自为政的分散化管理模式已暴露出弊端,一体化管理趋势势在必行。要打破传统图书、情报、档案部门的管理界限,将图书、情报、档案整合为一体管理,建立图书情报档案馆,可以充分发掘整合图书、情报、档案资源,为读者提供更好更快的信息服务。现对基层图书馆开展图书、情报、档案一体化管理的现状进行分析与探讨。

(1)管理方式分散单一。目前大多数基层图书馆、情报站、档案室是三个不同的独立部门。图书馆负责图书保管与借阅,情报站负责信息的收集与分类,档案室负责档案的建立与保管,三个部门之间分工明确,相互之间缺乏交流,资源不能共享。

(2)管理手段落后。虽然多数基层图书馆、情报站、档案室都配备电脑并能上网,但在管理软件的开发利用方面滞后,网络应用和信息数据的传送与交换意识较淡薄,手工管理依然占据着主导地位,数据信息滞留在传统传

递和虚拟传递并存的状态,工作方式和服务观念停留在传统的流通、阅览、参考咨询状态,缺少高层次专业人员。不能做到广度和深度相结合,不能做到重点和全面相结合,不能系统完整地收集相关文献,不能反映专业研究的最新进展。

（3）专业团队建设滞后。长期以来,基层对图书、情报、档案管理重视不够,大多数管理人员未经过系统的专业教育和培训。如读者需要及时了解国内外的发展新动态、新技术,或者是需要了解科研选题、科研计划、成果鉴定、专利申报等方面的文献情报,但由于缺乏专业的人才,大多数管理人员难以胜任。

2. 实行图书、情报、档案一体化管理的必要性

图书、情报、档案三个机构一直以来各自独立地为社会大众提供着信息服务,在网络环境下,继续采用传统的模式最终会被社会淘汰,图书、情报、档案三位一体建设已经是大势所趋。对于建设期间所遇到的困难仍需要图书馆、情报站、档案室三个机构的共同努力和密切合作才能解决,更好地促进现代化建设。

（1）图书、情报、档案一体化管理是社会发展的需要。实现图书、情报、档案的信息一体化就是要用系统论的观点将图书、情报、档案作为一个系统,优化管理、综合开发,探索出一条既精简又能达到宏观管理、微观放开、延伸范围、参与改革的目的。为了把科研成果推向社会,转化为生产力,图书、情报、档案工作应加快实现信息一体化管理,建立起信息服务的新模式。

（2）图书、情报、档案一体化管理是信息管理一元化的需要。图书、情报和档案都是整个信息资源网络系统的组成部分,应该改变孤立、封闭的现象,加强相互交流、横向联系,开展协调合作、网络互联,既便于实现文献交流与信息共享、优势互补,也有利于节约网络投资,实行信息统一管理。

（3）图书、情报、档案一体化管理是读者利用信息资源整体化的需要。科技研究与成果创新对图书、情报、档案信息资源的需求是整体化的,既需要比较系统的理论依据、参考资料,又需要原始的档案资料,还需要最新的科学情报信息。这种需要不仅要求快、广、精、准、全面系统,而且还要手续简捷,利用方便,图文并茂。只有实现图书、情报、档案一体化管理,才能满足读者的迫切需求。

3. 实现图书、情报、档案一体化管理的优势

（1）优化馆藏资源。建立图书情报档案馆，联合开发馆藏资源，可以进行信息的统一管理，组建资源信息一体化门户网站，形成实体资源分布式收藏，虚拟资源网上共享，具有很强的时效性。图书、情报、档案的信息价值是随时间延长而逐步衰减的，一体化管理使图书、情报、档案信息一经产生就马上在网上综合利用，省略了传统意义上那种收集、整理、移交、归档中不必要的时间浪费，确保信息价值的充分利用。

（2）实现资源共享。根据读者的需要，可编制多种检索工具，如馆藏目录、案卷目录、专题目录、分类目录等完善检索工具体系，使检索方法更便于利用者掌握；建立开放式目录，读者可根据需要自行查阅；建立计算机检索系统，保证准确、快捷的查询效果；精简机构，提高工作效率，如图书、情报、档案三部门的馆藏重复，人员重叠，工作性质单一，不利于信息的横向交流。

（3）提升管理人员业务能力。管理人员具备了即专又兼、一岗多能的工作能力，图书馆工作人员可以负责档案管理和情报工作，档案馆员也可以担负图书管理工作，改变相互信息不通的工作氛围，从而提高了工作效率，避免造成人力、物力、财力的浪费，同时开展综合服务，充分利用图书、情报、档案信息资源，及时、准确、全面地为读者提供信息服务。

4. 实现图书、情报、档案一体化管理的措施

（1）统一行业标准。规范一体化管理图书、情报、档案的标准化工作是信息一体化管理的基础，在信息的著录、标引、分类、检索以及计算机、通讯设备等通用性方面都应进行标准化，从而形成一体化服务模式。一是分工合作，中心协调；二是内容特色化，数据标准化；三是网络兼容通用，搭建共享平台。实施图书、情报、档案的标准化工作，在考虑其特点、个性的同时，更要考虑一体化管理的共同性和实用性，这样才有利于资源共享，有利于网络和数据库的统一管理和建设，并形成一体化的网络平台。

（2）开展业务培训。全面加强工作人员业务素质培养，在掌握传统服务技术的同时，要努力学习新知识、新技术，不断提高网络和计算机知识的应用能力，掌握现代化信息服务的技能。要加强继续教育学习，提高业务素质，同时要激励工作人员的创新精神，提高知识获取和知识创新的能力，造就一批德才兼备的图书、情报、档案工作人员，才能够更好地实现图书、情报、档案一体化管理的目标。

（3）促进信息的充分利用。信息得到充分的利用，才能体现其价值。实行图书档案一体化管理，首先应优化信息技术，解决馆藏结构的信息不全、结构单一、提供服务缓慢等问题。并且图书档案管理一体化能够使信息在有效的时间内及时为读者提供服务，从而保证信息能够得到充分应用。

（4）做好综合服务工作。信息更新速度较快，相关管理人员应做好新信息的管理，实现信息系统科学的管理和应用。因此，图书情报档案管理人员应主动做好相应的工作，如对管理知识的宣传，要充分宣传一体化管理的优点，让更多的读者理解图书、情报、档案管理整合的意义，从而促进管理工作的健康发展，充分发挥数据的使用价值。

5. 培养创新人才，加快信息一体化建设

随着信息资源的开发、建设与资源共享的实现，信息服务的质量发生了质的变化，对人才的要求也进一步提高，加强高素质队伍建设和人才培养已迫在眉睫。无论是图书馆工作人员、档案员还是微机工作人员，不仅要充分利用好已有文献信息资源，还要不断生产、加工、创造、组织、提供新的文献信息，共同保障文献信息资源源源不断地满足教学、科研和社会全面发展的需要。

一是利用现代化手段，促进一体化建设。加强对现代化技术和手段的学习、研究和应用，积极开展多媒体计算机辅助系统的设计和开发。加大对数字化资源的投入，大力培养信息人才，提高队伍素质，加速图书、情报、档案一体化建设。

二是加强创新人才队伍建设。创新是发展的内在要求，具有创新精神的组织才有活力，才有可能在竞争中取得优势地位。如何培养信息资源管理与信息系统分析人才，满足发展的需要，是我们面临的一个新的问题。应培养具备现代管理学理论基础、计算机科学技术知识，从事信息管理、信息统计、实施管理和评价等方面的高级人才。

当今的中国正在走向知识经济时代，面对知识经济带来的机遇和挑战，充分发挥信息一体化在决策、经营等活动中的作用，是在市场竞争中获胜的关键。重视人才资源管理与利用，才能具有竞争的实力。不断尝试采用新的服务模式、新的服务框架、新的思想，拥有一支知识结构合理并能够掌握现代化科学技术的新型专业队伍，为图书、档案、情报一体化建设发挥强大的整体效应。

第三节　建立以人为本的细节服务新理念

细节服务在目前已越来越受到重视。"细节决定成败"已成为当今行业竞争的流行箴言。图书馆要在行业竞争中立于不败之地，必须吸收引进新的服务理念，将细节服务纳入图书馆的工作中。

一　细节服务的内涵及推行细节服务的必要性

20世纪80年代以来，我国图书馆界提出了"读者第一""服务至上""读者是图书馆工作的核心和基础""一切为读者是图书馆的灵魂、目标和方向"等明确而响亮的口号，体现了以读者为中心的思想，肯定了读者是图书馆一切活动的主体。图书馆必须针对信息需求的发展变化和读者的特点，关注不同需求的细微差别，积极探索和大胆尝试细节服务，找出更加尊重读者的个性化要求，符合读者的意愿，从而获得读者认同和满意。然而，不同层次、不同类型、不同学科的读者对文献资源和信息资源的需求各不相同，尤其是当今读者文化权利的意识不断觉醒，读者不再是被动地服从或接受图书馆的服务，对服务的接受方式也是各不相同。因此，愉快地学习和获取知识，是现代读者的普遍要求。

（1）细节服务是提高读者满意度的重要手段。细节服务就是寻找服务中的每一个细节，做好每一个细节的服务工作。顾名思义就是要求图书馆工作人员改变自己的态度，从小处着手，从小事做起，特别是要重视从一些不经意的细节，为读者提供服务。细节服务是以读者需求为中心，最大限度地利用图书馆现有的自身资源和外部环境，对服务进行周密的计划、落实，不断创新服务理念。当读者对图书馆的服务不满意时，他们就会从图书馆中流失；当读者对图书馆的服务比较满意时，就会换来比较高的满意度；当读者对图书馆服务相当满意甚至无比感动时，换回来的则是他们对图书馆的无比忠诚。细节服务是主动服务，是精益求精的服务，要想读者之所想，急读者之所急，所追求的目标与服务效果要远远超过读者期望值。只有重视与读者接触的每一个细节，充分理解读者的需求、期盼，通过点点滴滴的细节付诸温情关怀，去了解、体察、揣摩读者的心理感受，才能在读者心中建立知名度、美誉度、忠诚度。

（2）细节服务是提升读者服务质量的基础。老子说："天下难事,必做于易;天下大事,必做于细。"随着计算机网络技术的应用,图书馆工作分工越来越细,专业化程度越来越高。分工细化标志着服务的不断深化,专业化程度标志着对细节的重视程度,细节是专业化的基础,细节突显着服务岗位的特点,细节中往往隐藏着决定事情成败的玄机。要使读者服务进一步深化,就要从细节入手,突显各个岗位的特点和优势,用辩证的思维分析服务中的细节,了解读者的个性需求,以便为读者提供更为细微、主动、灵活、周到的服务。

（3）细节服务是创新读者服务的源泉和动力。随着对图书馆现代化建设投入的不断加大,图书馆实力增强了,细节服务在各基层图书馆不断受到重视,读者对图书馆满意度将会不断增强,图书馆在教学、科研中的地位就会不断提高。目前,图书馆已经意识到创新服务的重要性,并且正在积极探索创新服务的策略和方法,通过细节服务发现创新点,产生创新服务的内容和模式,在新的服务模式中再寻找细节服务,使图书馆的服务水平得到不断提升。如在阅览室旁配备休闲区,放置休闲沙发,并配置休闲书吧,在这里读者可以看一些文艺、娱乐类书刊,一边听着轻音乐,一边品着咖啡、糕点,使身心得到放松,非常具有人性化。可见,细节往往是创新突破口,细节服务对图书馆读者服务的创新不可忽视。

二 开展细节服务的基本内容

在图书馆读者服务实践中,细节服务不是单一地针对某一项具体工作,而是始终贯穿于图书馆整体工作体系之中。图书馆各个环节中的细节问题,包括细节服务的管理机制、执行机制、决策机制、理念机制、整合机制、服务过程、品牌管理等。

（1）从点滴做起,细微之处见真情。协助读者解决信息知识获取、应用与创新等问题。在信息环境下,数字资源急剧膨胀,社会多元化载体文献急剧增加。图书馆要关注细节,对信息知识进行深度加工,方便读者利用,这一点是其他任何信息服务公司所无法媲美的。图书馆落实到细节的知识导航和深度知识加工,不仅能协助读者迅速找到所需信息知识,还能为他们解决工作上的知识应用提供帮助。

（2）爱心是做好细节服务的内在动力。关心读者、关爱读者是图书馆实现"读者第一""以人为本"宗旨的具体体现。把读者当作亲人，从细微之处主动多为读者着想，在生活细节方面给读者以人文关怀。一是为读者提供方便，如下雨天，在图书馆门口准备一些雨伞套、鞋套；在门口地面铺上防滑垫等。二是方便读者借书还书，在借阅高峰期，可实行弹性工作时间制，适当提前或延长借阅员的工作时间。三是方便读者利用图书馆知识资源与设施，在阅览室、书库等地方准备一些纸、笔、书签、老花镜等日常用品，以方便读者在急需时使用。这些小事虽然看起来微不足道，但能体现图书馆的人文关怀，让读者在图书馆感觉到温暖、温馨。

（3）用细节服务去体现关爱。让读者通过点点滴滴的小事体会到图书馆的关心与关爱，正是细节服务的独到之处。主动关心并千方百计地为读者着想，是细节服务的一大特点，图书馆要把细节决定成败的理念贯穿为读者服务工作的始终。对内，馆领导对推迟休息的图书馆工作人员要进行必要的精神嘉奖和物质鼓励；在借阅处协助完成借阅工作，这样做既能感动读者，又能激励全体工作人员；对涌现的好人好事进行宣传与表扬，以身边事教育身边人。对外，将一些常用的数据库和专业信息量较大的网站与网址制作成小桌牌、小名片，在每台计算机的收藏夹中进行收藏，方便读者使用；在图书流通借阅过程中读者常忘记归还图书，可在书籍内附贴限期表，提示读者还书时间等。如今，通信方式发达且价格低廉，电话咨询服务的条件业已成熟。电话咨询服务，就是读者利用电话从图书馆直接获取信息。读者在科研过程中，如有通过电话能够解决的需求，图书馆被咨询人员便可根据读者需求进行解答，这是提高读者优质服务最便捷、最有效的手段之一。

（4）用细节服务去创造和谐。和谐是服务的基础，图书馆管理员既要维护图书馆的规范管理，更要尊重读者、理解读者。因此，就必须激发图书馆管理员的主观能动性，不断地改进服务方式，而在服务的改进中，细节往往起着至关重要的作用。在图书流通借阅中，读者常常遇到在借阅证上无法记录读者的借阅情况，导致图书不能按期归还，处理不当还可能引起不必要的纠纷等问题。如果在书籍内附贴期限表，加盖还书日期，这个问题就可以解决。图书馆的工作细小而琐碎，可每件事都关系着读者的利益，建设和谐图书馆就要求图书馆管理员从一点一滴做起，细节处的关怀是图书馆管理员与读者沟通的桥梁。

（5）用创新意识开展细节服务。其在流通借阅工作中的具体表现是用细节服务去推动创新，通过不断创新服务，提高读者服务水平。如每个图书馆管理员都非常熟悉中国图书馆图书分类法，耳熟能详，进而可将其简化成字母加数字，所以图书馆书库的标识牌也是英文字母和阿拉伯数字的组合。然而，大多数读者是根据需求的主题查找文献，对图书类目代码及其排列顺序知之甚少，他们体会不到这种馆藏标识提供的方便。藏书分布标识是馆藏文献的揭示系统，是读者找书的向导。提供馆藏标识也和其他服务一样，要从读者的角度考虑，不仅要用中文标识牌注明类目名称，而且还要适当注明下位类，对利用率较高的藏书，书架上还应该增加醒目的标识，这样才能达到对藏书信息的完整揭示和读者自助服务的效果。创新存在于每一个服务的细节中，关键在于服务意识和敢于打破常规。

三 不断完善细节服务运行机制，把"读者满意"的人本主义贯彻到实处

图书馆工作人员是细节服务的贯彻与执行者，图书馆工作人员的仪容仪表、服饰穿戴、言谈举止等细节，往往会对读者产生导向性的影响。应建立一套完整的奖惩体系、责任机制和信息沟通渠道，使图书馆工作人员在执行整个细节服务流程中，能把握好执行的心态、执行的角度及执行的方法。

（1）注重图书馆工作人员素质形象细节。微笑服务是图书馆服务的基本要求，是图书馆工作人员乐于敬业的一种表现。微笑服务能缩短图书馆工作人员和读者之间的距离，能满足读者的心理要求，使读者感到无比亲切，让图书馆工作人员与读者的距离更近。而当面对一些对图书馆规章制度不理解或者脾气暴躁的读者时，用微笑服务也相对容易解决问题。定期对图书馆工作人员进行专业培训，以改善图书馆工作人员的知识结构，提高专业服务水平。加强对图书馆工作人员服务技巧的培训，培育他们与读者沟通的技巧，处理人际关系的方法，应对读者投诉的策略等。通过多种途径、多种形式的培训，图书馆工作人员的综合素质会得到全面提高。

（2）注重服务环境细节。营造宁静舒适、优美高雅而又富有人文气息的阅读环境是图书馆推行细节服务不可忽视的环节。图书馆馆内设置、室内布局、馆藏资源分布，以及馆舍周围的环境绿化和室内的装饰等方面，都能让读者从每个细节上体会到图书馆的文化氛围，感受到图书馆的服务精神。如

前厅设有咨询台和标识牌、指引牌,读者一走进图书馆,不管有什么问题,都能得到及时、准确的解答和指引。摆放一些绿色植物,既可美化环境又能调节空气,让读者有赏心悦目的舒适感;看书累了,还有缓解视觉疲劳的作用。

（3）注重服务流程细节。图书馆读者服务的细节管理大到相关规章制度的制订,小到具体琐碎的种种措施。借还书、办证、预约等流程如果设计合理,不仅会节约读者时间、提高工作效率,还可有效杜绝服务过程中一些扯皮、吵架等现象。可以采用内部网站公布读者证号、借还日期,使读者能够了解本人的实际借书情况。此外还可以电子邮件和手机短信通知、提醒等方式在借期期满前几天通知到读者,这样既可以使读者及时还书,也可以加快图书的流通频率。这些操作流程上的细节虽然微不足道,却能从中体现出图书馆关注细节服务,拉近图书馆与读者之间的距离。

（4）注重服务团队建设。按照"木桶理论",任何一个要素的短缺都会使整个质量失去优势,只有各环节、各流程的精细化水平达到一种均衡,细节服务才能发挥其最佳效应。只有不断地让所有图书馆工作人员参与细节的创造,努力在图书馆工作人员之间形成细节服务交流沟通的氛围和良好的团队精神,同时对服务质量进行严格的检查监督,对好的细节服务行为进行鼓励和奖励,才能使完美的细节不断发扬光大,使坏细节产生的几率降到最低,使细节服务成为所有图书馆工作人员的行为习惯。

图书馆在竞争中不断谋求发展的今天,探寻图书馆的细节服务运行机制具有重要的现实意义。以服务取胜,以细节取胜,才能提升图书馆在读者心目中的整体形象,实现真正意义上的"以人为本""读者第一",让"读者满意"。同样图书馆要形成自己的品牌服务,必须从细节服务入手,进行服务创新。

第四节　图书馆服务中的读者权益

随着社会法制化进程的加快,人们的法律意识不断增强,各项社会事业逐步走上规范化、法制化的轨道。作为社会公益事业的图书馆如何加强法制化建设,如何切实保障和维护广大读者合法权益的问题日益引起社会的广泛关注。在各图书馆为广大读者服务的实践中,不难发现,随着社会文化服务体系建设的深入,建设学习型社会,提倡终身学习行动,已经成为时代发展的潮流。图书馆的发展正在引起全社会的关注和重视,各级各类图书馆正在积极转变经营理念、服务方式以及服务手段,使广大读者利用图书馆更加频繁、方便、快捷,在图书馆里可以享受到越来越多、越来越周到的服务,还可以获得更多、更新、更实用的知识与信息。但是,如果图书馆读者的服务需求得不到满足,因"为人找书""为书找人"的服务不到位、读者服务质量不高的现象还是时有发生,读者的基本权益仍未得到应有的保障。

图书馆读者权益

权益是指公民受法律保护的权利和利益。图书馆读者权益是指利用图书馆提供的资源条件,进行阅读的一切社会成员,包括个人、集体和单位,受国家宪法、法律以及图书馆规章制度保障的、应该享受的权利。

现代图书馆是公益性的社会文化教育机构,创造一切条件为社会公众提供信息传播、知识普及、社会教育、文化休闲等服务,是图书馆读者服务最基本的职能和义务。读者利用图书馆的权利是不容侵犯的,应该依法得到保护,维护"读者权利"是新时代图书馆的服务理念之一。

1. 图书馆读者权益内容的构成

从法律角度来看,图书馆读者权益应该包括平等自由权、知情权、批评或建议权、监督权、借阅权等。从国内外现有的图书馆法律法规及读者对图书馆的需求来看,读者的权益应包括如下 8 项具体内容。

(1)自由平等选择文献的权利。图书馆是面向全体社会成员开放的社会文化教育机构,一切社会成员均有资格自由平等地利用图书馆的文献资源及其所提供的服务。即读者可以按自己喜好、需求和兴趣,来图书馆自由平等地选择、利用图书馆的馆藏文献(国家另有特殊规定限制使用的文献除外)。

(2)平等使用服务设施的权利。现代图书馆是一个多种载体文献的复合体。多样化的文献信息传输设备、多种载体形式的文献,都应该无条件向读者开放。缩微文献、声像文献、机读文献应该像传统的印刷型文献一样,使任何读者都能方便利用,图书馆有义务保证读者对其馆藏及其辅助设施的有效利用。

(3)文献信息咨询服务的权利。读者在利用图书馆过程中遇到各种困难问题和疑难问题,均有权向图书馆提出咨询服务的请求,图书馆应充分开发馆藏文献资源,综合利用。通过面对面咨询、电话咨询、网络咨询等多种形式,积极开展各种专题服务、定题服务、跟踪服务等,尽最大可能向读者提供有用的文献信息、文献线索或相关的事实情报,以满足读者的文献信息需求。

(4)接受信息素质教育的权利。读者在利用图书馆服务的过程中,不可避免地会遇到一定的技术难题,比如对图书馆文献的布局、文献的排列规则不熟悉,对数据库的使用技巧、现代化信息存储与传输设备的使用不当等情况,图书馆工作人员有责任和有义务帮助读者了解和掌握各种文献及相关设备的使用方法与技能,引导读者养成良好的信息意识和获取手段,掌握娴熟的检索和利用图书馆文献的能力。

(5)建议文献资源收藏的权利。"读者有其书"是现代图书馆的服务理念,读者有权利要求图书馆收藏自己所需要的文献。图书馆应充分把握读者的需求动态与倾向,科学预测读者需求,根据读者成分、读者数量等因素,合理安排采购,按一定比例购置文献的品种和数量,尽可能满足一切读者对文献信息的需求。

(6)参加读者活动的权利。读者有权利参加图书馆为满足读者信息需求而开展的各种学术交流、专题讲座、书评、专题报告等读者活动。

(7)批评、建议和监督的权利。读者在利用图书馆过程中有权对图书馆服务工作提出批评、建议,对图书馆服务工作的失误以及工作人员的失职行为有权监督检举,并督促其加以完善或改正。

(8)人身安全、人格尊严不受侵犯的权利。读者在利用图书馆的过程中,图书馆有义务维护好各种设施的安全,不能危害读者的生命健康;有义务保障读者人格尊严、民族习惯、人身权利不受侵犯;图书馆工作人员在服务中应文明礼貌,不能傲慢冷淡,更不能恶语相加;有义务保障读者的隐私权;对于读者违反图书馆规章制度的现象,应谨慎对待、妥善处理,切忌侵犯读者的权益。

2. 图书馆读者权益面临的问题

联合国教科文组织在 1972 年通过的《公共图书馆宣言》中明确指出:"公共图书馆应当随时都可以让人到馆,它的大门应当向社会上一切成员自由地、平等地开放,不管他们的种族、肤色、国籍、年龄、性别、宗教、语言、地位或教育程度。"可见,让读者自由平等地享受图书馆的服务,是国际图书馆界对读者服务工作的共同追求。在我国的图书馆工作实践中发现,虽然秉承"读者至上,服务第一"的理念为各级各类图书馆所提倡,但读者在利用图书馆的过程中,其权益却屡屡受到侵犯的现象时有发生,现实中的图书馆读者权益面临着很多亟待解决的问题,主要表现在以下几种情况。

(1)服务意识问题。在当今社会,人的主体地位日益突显,"以人为本"已成为人们经营各项事业的基本理念。在我国图书馆工作的实践中,读者的主体地位日益提高,读者的需求也得到尊重,人性化、个性化、特色化服务受到越来越多读者的青睐,读者满意是图书馆服务工作的最高境界。但传统图书馆遗留下来的一些思维模式和条条框框还没有根除,一些图书馆工作人员在读者服务的过程中还常以管理者自居,思想意识和主观行为未能与图书馆工作技术的现代化获得同步发展,很多人口头上高喊"读者第一,服务至上""读者是上帝",但在实际工作中得过且过,我行我素,服务意识淡泊,无视读者的需要和感受,缺乏主动热情为读者服务的精神,所以很难使读者满意。

(2)规章制度问题。现代图书馆的规章制度多是为了方便管理,所以很多规定没有顾及读者的需要与感受,殊不知恰恰是这些缺乏人情味儿的制度和规定,伤害了读者的权益,制约了图书馆工作的全面发展。比如图书馆对读者借阅册数、借阅期限、借阅场所、借阅文献类型的限制条款,甚至对读者违章的处罚条款等等,这些规定使读者的权利没有得到应有的尊重。个别图书馆在制定规章制度时,对读者参与图书馆管理的权利根本不予考虑,图书馆的各项计划、工作内容以及与读者自身利益相关的管理制度,均没有得到读者真正意义上的参与和知情,规章制度的解释权、执行权完全由图书馆单方面决定,读者的批评权、监督权根本不知从何谈起。

(3)保障能力问题。国际社会对一所公共图书馆的服务半径、服务所覆盖的人口数量都有相应的标准,对图书馆所收藏的文献数量与质量也都有着不同程度的要求。但在我国目前的条件下,还很难满足这些建设标准与要求。因我国地域宽广,地区经济发展略有差异和不平衡,导致各地区图书馆发展水平差距较大。受经费所限,一些中小型图书馆购书数量非常有限,有很多县区级图书馆甚至连续多年没有补充新书,其为读者服务的保障能力可想而知。更有些图书馆为了应付评估检查,不惜放弃图书馆藏书的原则和质量标准,以次充好,以数量为先,节省购书费、谋求价格优惠等,这些做法都极大地损害了广大读者的权益。

（4）阅读环境问题。为读者创造一个优雅的借阅环境是图书馆的天职。近年来,我国各级各类图书馆的硬件环境建设取得了巨大成果,不仅大量的新馆相继落成,现代化的技术设备得到了广泛的应用,而且服务理念和人才结构都发生了巨大的变化,有效地改善了图书馆的服务环境。据悉,图书馆的读者数量并没有随着硬件环境的改善而明显增长,一些大型图书馆甚至是省级图书馆的持证读者数量也不过区区几万人,一些小型图书馆甚至可以用"门可罗雀"来形容。这说明我国图书馆在软环境建设方面还存在着很大的差距。图书馆的资源和服务还没有让更多的社会成员所了解,不知图书馆的职能作用者大有人在。虽然国家规定在 2011 年底前,所有公共图书馆要实现免费向社会开放,但审视现实,一些地方的图书馆为了生存,馆舍出租、服务收费的现象依然存在。长期以来,我国图书馆缺乏富有针对性、有效性的宣传,社会公众对图书馆的了解和认知程度还局限在较浅的层次。图书馆建设在阅读社会、书香社会的进程中仍然有很长的路要走。

3. 如何维护读者权益

维护好社会公众的阅读权、受教育权,不断提高国民的思想道德素质和科学文化素质,是发展各项社会事业,推动社会持续健康发展的基本保障。作为社会公益性教育机构的公共图书馆,必须自觉维护好广大读者利用图书馆的权益。要切实维护读者利用图书馆的权益,光凭图书馆行业自身的努力是远远不够的,还得需要社会各部门的通力合作,需要政府有关部门、各级图书馆、每位读者的共同努力,否则,难以达到理想的境界。

（1）政府立法明确界定读者权益。图书馆法是用于指导和规范图书馆事业,保证图书馆事业与社会各项事业协调发展的依据,它的强制性及约束力,是保护读者权益的首要条件。我国现有的一系列图书馆管理条例、规章制度和相关法规,不难发现是保护读者合法权益的条款。不能否认,这些条款在我国图书馆事业发展实践中,在维护读者利用图书馆的权益方面确实发挥着一定的作用。但我们也应该同时看到,这些条款的权威性、约束力还十分有限,对图书馆读者权益的界定还是过于笼统,不够具体,需要政府部门以立法的形式予以明确。据不完全统计,世界上有 60 多个国家制定和颁布了 250 多部国家图书馆法,这些国家的图书馆法都明确规定了图书馆读者权益的具体内容，我国图书馆法也明确规定了对读者权益予以权威的界定和有效的保护。

（2）图书馆重视读者权益。现代图书馆的主要任务是为读者管理图书，而不是为图书管理读者。因此，应摆正图书馆与读者之间的关系，从读者利益出发，来规范图书馆的各项规章制度。将自由平等、开放共享等人性化的理念，将以读者为中心的思想融入图书馆的各项规章制度和服务过程，让读者充分感受到快捷、周到、尊重和温馨的服务。"以读者为中心"是现代图书馆工作永恒的信条，图书馆应引入读者参与监督管理的机制，确立读者在图书馆服务工作中的主体地位。应诚邀读者代表成立图书馆读者协会，让读者参与图书馆规章制度的制定、藏书建设、工作计划等重大业务活动以及日常事务的商讨、管理等。同时图书馆应切实贯彻"读者第一、服务至上"的宗旨。开展各项业务活动应以读者为中心，一切为读者着想，以维护读者的合法权益为图书馆服务工作的最高准则。图书馆工作的每一个环节都应考虑读者的切身利益，如图书订购，要事先调研，满足读者的需求，保证图书的数量和质量；要尽量缩短图书加工流程，使新书尽快与读者见面；环境布局要尽可能安怡、清静、优雅；设备设施要方便于读者利用；借阅证件可在图书馆一切业务流程中"一证通用"。关注特殊群体读者的图书馆需求，如开通电话借书、送书上门、邮递复印等多种服务渠道，积极策划组织各种读者活动，如征文、展览、专题讲座、技术培训、报告会、座谈会等，吸引读者参与，让广大读者享受阅读的快乐，在阅读中感受图书馆对其权益的尊重。

（3）读者应增强权益保护意识。任何事物都有双面性，维护读者权益也需要图书馆和读者双方的共同努力，图书馆关注读者的利益，保护读者的权益是以合理、合法为前提的。在图书馆事业建设和读者服务的实践中，一是需要以完善的法规制度来加强读者权益的保护。二是要加强教育和引导，使读者自觉树立高度的权益意识和合法权益保护意识，不仅要明确自身享有的权益内容，更要了解图书馆的职能、服务内容及规章制度。人人争做文明读者，自觉遵守图书馆的各项规章制度，自觉保护图书馆文献资源、设备设施，不做违规之事，正确行使读者的合法权利。对图书馆工作人员的不当行为，读者可通过正当渠道向图书馆及其主管部门提出批评和建议；对于图书馆严重侵犯读者权益的行为，必要时可以通过法律手段加以纠正，以切实维护读者的合法权益。

第六章 >>

图书馆现代化建设体系研究

图书馆现代化建设进程的加快，网络环境的形成和新的服务手段的不断出现，吸引了越来越多的读者，进而对现代图书馆的读者服务工作提出了多方位的创新要求。

第一节 图书馆现代化服务现状

近年来，信息网络技术的迅速发展已经为图书馆读者服务工作提供了先进的服务平台和管理体系，这就要求图书馆应从过去的粗放型读者服务向集约型读者服务转变，努力在以下几个方面有所拓展。

一 拓展读者服务范畴

网络信息资源的开发量大而面广，分散而无序，只有进行必要的深度加工，才能为读者提供有价值的知识信息服务。具体可采取以下几种方法。

（1）建立一个管理系统。开展文献、光盘、网络一体化的读者服务体系，将文献、电子出版物、网络信息的资源集成管理系统。

（2）编制读者网络手册。将网上的有关信息归类整理，用超文本的形式做成链接，形成专题信息导航系统，便于读者查找所需专业信息。

（3）利用浏览器查检，下载万维网服务器上的主页及利用率高的文献，以丰富本馆的电子文献库，便于读者使用。

（4）特色资源服务的优化。在图书馆读者服务中，优化特色资源服务是关键，只有"有为才有位、有位更有为"才能发挥更大的作用。可以根据本馆的文献资源特色、人员知识结构,选择有关专业作为突破口,组织特色资源上网,开展有关课题或学科特色的信息咨询服务。也可以利用各种搜索引擎,将获得的多元信息加以合理的选配、整合,使之成为特定读者群所需要的服务产品。

（5）专题研究型服务的延伸。随着网络技术的普及,读者直接从网上获取信息的能力也有了很大提高,图书馆不需要介入过多。为此,图书馆可以逐步调集人力,适度转向对具有一定专业深度的服务产品进行研发,更好地为读者提供学术性的信息服务;也可以建立面向某些专业读者和主题、基于智能代理的读者服务系统,包括个人信息查询和主题信息代理查询两个方面;还可以在本馆的网页上开设以读者为中心的馆藏学术信息资源,设定个人化界面,读者使用时只显示与其相关的信息资源。

二　延伸读者服务内涵

如今,日趋完善的信息网络结构和流畅的信息传递通道,促使图书馆读者服务工作的内涵正在发生引人注目的变化,同时也对读者服务的延伸和发展提出了更高的要求。

（1）要用信息化带动个性化、特色化的读者服务。图书馆的信息化可从以下三个方面进行:一是建立计算机管理系统,从文献内容入手,设计好全馆文献的计算机布局;二是建立资源共享网络平台,通过互联网与其他图书馆形成网上链接;三是在原有文献库基础上,加强本馆各种数据库的建设。随着信息化程度的不断提高,图书馆除了坚持为各类读者提供多样化的知识信息服务之外,也要努力面对个性化的读者群体,开展能满足其特殊需要的信息服务。诸如为他们选择和利用不同的信息资源,开展读者记录识别系统、导读系统、专题信息分析等研究活动,但这类个性化服务,应与特色馆藏相结合,以便能更有效地为读者提供针对性较强的参考咨询。

（2）要将知识导航作为读者服务的核心内容。图书馆的读者服务工作始终是与帮助读者进行学习、提升相关的内容。在数字图书馆建设不断取得快速进展和读者追求个性化服务日趋盛行的情况下,图书馆要改变过去那种被动的文献保存和传递服务,肩负起知识导航的角色。一是做知识的提供者,以读者代理的身份访问 Internet 数字化资源;二是做知识的中介人,为读者提供进入 Internet 的物理方式；三是做知识的教员，能指导读者对 Internet 上的信息进行评价和利用；四是做知识的组织者，提供经过选择和组织的 Internet 知识导航；五是做知识的创建者和出版者，能提供自己创建的适合读者需求的网上信息，比如联机目录、联合目录、共享目录等。而要实现这些着眼于内容的知识导航服务，就应重新定位和重构有关的工作部门及环节，诸如文献资源的采访及组织，因特网快速通道的熟悉及网上资源的分析加工，数据库的整合及知识库的创建，业务部门的重组及工作人员队伍的重塑等。

（3）要将深化读者服务的文化教育内涵作为延伸服务的一个重要内容。网络互联的快速发展导致了数字化信息大量涌现，使得图书馆与文化教育有着多样性且十分密切的关系。于是，图书馆就不仅仅是一个借书、看书的场所，它也是整个社会的重要文化教育场所或机构之一。图书馆的读者服务，在文化教育层面上有其不可或缺的存在价值，在新的形势下的这种服务特性更应提升到新的文化层面上，以便能够在更高的文化内涵挖掘上开拓出新的服务路径。例如培养社会公众的信息知识能力，就是一条重要的服务创新举措，这种文化教育服务可包括以下内容：一是关于信息知识的基础能力，具体有迅速适应现代信息环境变化，能及时找出和评价所需信息，熟练使用计算机等内容；二是在馆藏日趋数字化的趋势下，善于利用各种媒体的能力；三是关于网络的认识和实际操作能力。

三 重塑读者服务角色

图书馆的读者服务要远比有关的服务技术设施更重要，他们能否在新的思想方法指导下有所创新，有无更合理的知识结构和新的角色定位，是事关读者服务能否不断进行创新的关键所在。重塑为读者服务的新角色主要包括服务意识再塑、服务知识再塑和服务技能再塑。

1.服务意识再塑

现代图书馆的读者服务工作，首先要求服务人员能确立新的服务意识，包含信息意识、竞争意识和创新意识。

（1）信息意识。信息意识作为开展读者服务工作的前提，是一种主动搜寻、掌握和运用知识信息的自觉思想状况。树立信息意识，就是要确立以知识信息资源的充分和持续利用为中心的牢固思想，具体要求为：一是要具有敏锐的信息感受力,能自觉灵敏地捕捉有用的知识信息;二是要具有持久的信息注意力,不受时空限制地关注有关的知识信息;三是要具有特有的信息价值判断能力,善于识别有效的知识信息。

（2）竞争意识。在各种信息机构迅速发展的情况下,图书馆如同陷入了各种信息服务机构的包围之中,面对这种严峻的挑战,图书馆要想稳定和吸引一定的读者、用户群,就应奋起竞争,积极通过网络向读者提供全方位的、高质量的知识信息服务,在社会竞争中树立图书馆读者服务工作的新形象,让广大读者真实感受到图书馆的存在。

（3）创新意识。图书馆的读者服务要保持可持续发展的后劲,创新意识也是不可缺少的。面对读者的要求越来越高的状况,图书馆服务只有不断创新,才不会落伍。应当坚持思想观念的创新,努力满足读者的各种个性化需求,提供相应的优质服务和特色服务,达到服务形式及内容均有所创新、有所突破。

2. 服务知识再塑

图书馆工作人员要能适应服务环境的变化和挑战,真正能在服务创新中大显身手,就要进行知识结构的转移,重塑起有助于强化创造性品格和创新能力的知识结构,这种优化知识结构的再塑原则是由轻型结构向重型结构转换、由封闭型结构向开放型结构转换、由被动型结构向创造型结构转换。

（1）由轻型结构向重型结构转换。面对社会信息拥有量的急剧扩张,仅有贫乏的知识是很难产生创造性思维的,这就需要图书馆工作人员的知识水准逐步由轻型结构向重型结构转化,以能与迅速增长的信息量相适应。这种结构转换并非是数量上的简单增加,而是指知识的整体性逾越及结构性的变化,是工作人员的知识结构的质的飞跃。

（2）由封闭型结构向开放型结构转换。现有图书馆工作人员的知识结构,基本是拘于原先所学教科书中的内容,已经难以胜任新时期读者服务深入开展的需要,应力求开放型结构,以能不断吸纳新知识,促进思维形式及服务工作的创新。

（3）由被动型结构向创造型结构转换。现代化图书馆的读者服务,需要相关人员具备创新精神、创新意识和创造能力。要做到这几点,就得调整现有的知识结构,使之从被动接纳的知识结构转向创造型结构,其中很重要的一点是增加能力、方法等方面的知识,并力求使这些知识达到与实际能力相互统一。

3.服务技能再塑

其指图书馆工作人员应通过不断的努力,着重提高以下4种服务能力,即信息分析评估能力、信息组织再生能力、信息技术操作能力、信息教育培训能力。

(1)信息分析评估能力。能够对信息资源的质量进行去粗取精的分析筛选,善于对信息资源的利用做出有效的评估。

(2)信息组织再生能力。能够按照读者的特定需要,对某一专题的信息进行综合整理,并再生出新信息。

(3)信息技术操作能力。能够熟练使用电脑和技术设施,利用网络存取和传递信息。

(4)信息教育培训能力。能够对部分读者的知识更新、网络技术应用、信息查检获取能力等进行培训和辅导。

第二节　媒介在图书馆信息服务中的应用

随着网络传输技术的发展和移动终端的不断更新和进步,以微博、微信、电子出版物为代表的网络新媒体迅速兴起和发展。微博、微信、网站、电子出版物等媒介作为一种不断发展的信息生产、获取、传播分享的新型自媒体平台,迅速成为各行各业、社会各界开展"微服务"的媒介基础。在图书馆信息服务领域中"微媒体"的运用突破了时空限制,为读者提供了更加便捷、高效、优质的服务,成为图书馆信息服务的新媒介和新方式。

一　媒体中的图书馆形象研究

从传统的纸质媒体到新型的网络媒体,图书馆形象无处不在,比如报纸中的图书馆新闻报道、荧幕上涉及图书馆的电影和电视剧、文学作品中的图书馆形象刻画、网络中的图书馆相关信息等。不同媒体用自己独特的方式来构建和描绘着图书馆的形象,各类媒体中的图书馆形象也都得到了研究者不同程度的关注。

(1)小说中的图书馆形象。小说是最早对图书馆进行描写的媒介,小说中的图书馆形象也是该领域最早被关注的内容之一。图书馆经历了不同阶段的发展历程,小说中的图书馆形象也是随着时代的变迁而不断地演变。科幻小说中的图书馆形象是超越了人们对图书馆已有的认知常识和使用经验,但以此可以体会到作者对于图书馆的期许。国内外研究者发现,许多小说对图书馆的描述是从图书馆的作用和价值出发,把图书馆抽象为一个被赋予了文化意义的价值符号,小说中的图书馆描写来自于作者自身的经验或想象,它虽然不等同于真实的图书馆形象,但可以在一定程度上反映图书馆的现实情况。

（2）报纸中的图书馆形象。"报纸是历史最接近真实的记录者",是公众快速获取信息的重要渠道之一。对图书馆而言,报纸记录着图书馆的社会形象,它又影响着公众对图书馆社会形象的认知。相较于其他媒体,图书馆在报纸中出现的次数最多,但直到2000年以后,报纸中的图书馆形象才受到大众较多的关注。报纸中关于图书馆形象的研究文献主要采用的是内容分析法,就是从报道数量、报道体裁、新闻来源、再现主题等方面来分析图书馆相关新闻报道的外部特征。对新闻内容的分析较为薄弱,并且未充分探讨图书馆形象演变与社会发展的深刻联系。

（3）影视作品中的图书馆形象。影视作品中以通俗化和大众化的形式向全民进行辐射,以图书馆的文化性、艺术性和娱乐性影响着大众的生活和观念。以图书馆为故事发生的情节场景,或者以图书馆员为主人公的影视作品均为举不胜举,影视作品中的图书馆形象亦渐趋成型,并且不同文化背景下的影视作品均赋予了图书馆多元化的形象符号,它们的反映也影响着大众对图书馆的认知和感受。影视作品大都是小说的影像化呈现,所以影视作品中的图书馆形象和小说中的图书馆形象大同小异。影视作品是作者根据图书馆的社会作用和象征意义,以及基于对图书馆庞大的建筑、丰富的藏书、幽静的环境所产生的想象,将图书馆形象塑造为知识的殿堂、人类的精神家园、爱情的滋生地,直至沦为犯罪发生地等,都具有较为明显的模式化特征。

（4）网络媒体中的图书馆形象。随着互联网的普及,"图书馆"词条频频见诸于网络。但近几年才出现研究网络媒体中图书馆形象的文献,而且文献数量极少。从公众感知构成来看,图书馆形象主要包括建筑与设施形象、对外服务形象、馆内藏书形象、工作人员个人形象的四个方面内容,具体由功能定位、服务理念、设施设备、规章制度、服务工作、馆舍建筑、馆藏规模、工作人员形象这8个要素构成,其中对馆舍、设施、设备、服务、馆藏的感知较为集中，而对功能定位、服务理念的感知较少，在一定程度上呈现了不同知识阶层与社会阶层对图书馆的认知和理解各有不同。网络媒体中对图书馆的形象研究刚刚起步，已有文献仅探讨了某一类网络媒体中的图书馆形象，缺乏对不同网络媒体中图书馆形象的多维分析与整体考察，研究的深度和广度亟待扩展。

二 图书馆媒介形象的成因

随着图书馆媒介形象研究的日益深入，大众媒体对图书馆和图书馆工作人员的描述，一方面塑造了大众对图书馆事业的认知，另一方面也反映了大多数人对图书馆和图书馆工作人员的刻板印象。图书馆形象低落的主要原因之一，就是各种传播媒介对图书馆的各种描述和表现，往往朝着加深刻板印象的方向去表现，一是媒体从业者不了解图书馆的真实情况，或为了迎合大众的心态而有意为之；二是图书馆的媒体上镜率不高，客观真实的图书馆媒介形象则源于媒体从业者对图书馆的主观的认知。如女性图书馆工作人员相比男性更容易被定型化；图书馆给人一种寥落荒凉的感觉；图书馆是爱情影片中不期而遇的场所等。当前对于图书馆媒介形象形成原因的研究大多是基于经验观察的理论分析，缺乏基于传播学研究方法，也缺乏深入媒介形象生产过程的实证研究。

三 图书馆媒介形象的影响

英国传播学家 Denis M.Qusil 将媒介比做"社会关系的中介"，是通过传播媒介，意义被建构，这直接影响大众对现实世界的理解，而这种理解也直接影响参与建构的人们对社会、经济、政策等一系列社会环境的认知。媒介所塑造的图书馆形象会对图书馆以及媒介受众产生何种影响，也成为研究者关注的主题之一。现有的文献主要是从某一部作品或某一类媒体出发，图书馆是通过客观认知塑造出来的图书馆形象，主要包括图书馆建筑、图书馆设施、馆藏文献、工作人员服务形象。一是构建了公众对图书馆的定型化想象，通过将图书馆丰富的人文景观和浓厚的学习氛围带入观众的视野，让观众感受到那是每一位读书人理想的求知之所；二是图书馆的影视化呈现会加深观众的图书馆印象，当读者将以往图书馆的体验和生活场景，以熟悉的影像符号活现于眼前时,这种传播的效果远比传统的图书馆宣传手段更具有感染力。

图书馆正面媒介形象的影响表现为,宣传图书馆时,将图书馆作为一个阅读场所和知识中心,彰显图书馆的社会价值,从而吸引更多的人走进图书馆和利用图书馆。图书馆负面媒介形象的影响表现为加剧公众对图书馆的刻板印象,但有助于推动图书馆服务理念和服务方式的转型与提升。

四 图书馆媒介形象的塑造

图书馆媒介形象研究的最终目的是提出塑造图书馆媒介形象行之有效的策略,以指导实践。对于图书馆媒介形象的塑造策略,研究者所持观点大致相同,可以分为如下两类。

(1)综合性策略。持此观点的研究者将图书馆媒介形象的塑造视为一个系统工程,提出从图书馆的业务、管理、宣传等角度出发,分别采取有效措施,多措并举,共同推进图书馆媒介形象的提升。我国台湾学者陈瑞文基于符号互动论的观点,提出只有将"图书馆功能"具体化,调和图书馆"内部"与媒体"外在"两者对话,方能拉近相互认同的距离落差,提升图书馆的媒介形象,具体而言,图书馆界必须持续不断地与社会对话;由图书馆学会引领,着力于媒体关系的经营;图书馆界人士可促进媒体平权使用观念的落实。还有的学者提出重视图书馆形象管理,提高与媒体对话的能力,加强自身服务能力和资源建没,发展图书馆组织文化,塑造图书馆新的形象。

(2)专门性策略。自我营销是图书馆提升媒介形象最直接和最有效的方式。自我营销是通过媒介形象在信息传播过程中的扩散效应和放大效应,将图书馆的良好形象植入公众的脑海,达到塑造图书馆媒介形象。

图书馆媒介形象的改善依靠于层次化、系统化的解决方案,一是应当改进图书馆服务,增强和培育接近与亲近读者的能力,举办各种推广活动,走入社区走进大众;二是要调整好图书馆的准确定位和基本功能,明确图书馆是信息的组织者、传播者,而不是保存者、守护者;三是要从公共关系和营销的角度出发,引进更多的科学管理的方法,从营销学、公共关系学到企业识别系统的途径重塑图书馆的形象;四是从专业的角度出发,图书馆必须建立自己的专业标准,巩固专业地位,从而与社会大众进一步建立良好的关系,树立崭新的公众新形象。只有在上述框架下，由上而下，由内而外，图书馆所有的从业人员都正确认识自己的角色和努力方向，各尽所能，图书馆媒介形象才有望大幅提升。

第三节　网络环境下图书馆信息服务的主要内容

当前，随着网络技术在各行各业中的广泛应用，图书馆的信息服务也呈现多种模式。本书探讨图书馆在网络环境下的信息服务模式，为图书馆开展网络信息服务提供有益的帮助与借鉴。

一　图书馆信息服务的内容

信息服务是按一定方式为用户提供信息的过程，是以信息为内容的服务业务。其服务对象一般是信息用户，即信息的需求者。信息服务的任务是促进和协调用户利用信息的一切活动过程，组织和协调用户与信息资源的交互作用，帮助用户找到解决问题的最佳答案。

图书馆作为信息服务的主力军，在网络环境下为读者提供文献信息服务，就必须要加强文献信息资源建设，特别是要加大各种数据库建设的力度，同时适当调整与整合网络信息资源，为信息服务的开展提供有利的资源保障。技术设备和人力资源的优化配置，特别是网络平台的建设，同样也是图书馆开展信息服务的必要条件。

二　网络环境下图书馆主要信息服务模式

新的网络信息服务模式不断出现，图书馆要充分利用信息技术和自身优势，结合实际，建立各种数据库，加强人才队伍建设，构建良好的信息服务系统。面向读者和社会用户来开展各种信息服务，以彰显自己的服务能力和提高与其应有的市场地位。

1.联机书目查询服务

书目数据库是文献信息最常见的一类数据库，是指存贮二次文献信息的数据库，也称二次文献数据库，可分为题录数据库、目录数据库、索引与文摘数据库，主要用于查找关于某一学科、某一行业、某一专题有哪些出版物，某一学者、著者有哪些著作，某书的书名、著者、出版商以及如何获得所需的各项信息，即提供查找文献的线索。篇名（又可理解为书名、刊名、文章题名）、著者、关键词、ISBN、分类号等，都是检索书目数据库中文献信息的主要检索点。目前，很多专业图书馆都提供了联机在线公共目录查询服务，供用户查询本馆的馆藏书目信息、联盟馆的馆藏信息以及读者的借阅信息。如北京大学图书馆在其网站开设了"书刊目录检索"和"我的借阅账户"平台，用户通过"书刊目录检索"平台输入著者、题名、主题、期刊名即可检索其所需的文献。通过"我的借阅账户"，读者可查询其所借文献情况及办理网上续借手续，并且准许向图书馆推荐或购买其所需文献。

2. 全文数据库检索服务

全文数据库检索服务是集全文数据库书目检索和全文提供于一体的一条龙服务，既有书目检索功能，又能直接提供全文，是近些年来发展较快的一类大型文献型数据库。网上的信息资源主要是以数据库的形式存在，数据库以其海量存储和检索利用方便成为网络信息服务最重要、最快捷、最方便的检索手段。

（1）按载体划分，全文数据库可分为：一是光盘数据库，就是以光盘形式出版的数据库。目前，专业图书馆常用的中文光盘数据库，如中文科技期刊数据库、中国专利数据库、中国化学文摘数据库等。二是在线数据库，网上有大量收费或免费提供试用的在线数据库，由专门性的组织机构提供，如国外的 DIALOG、OCLC 网上专线免费检索系统等，国内的万方数据库、中科院的科学数据库系统、北京大学的中国法律检索系统等。三是自建特色数据库，如沈阳体育学院图书馆建立的"沈阳体育学院硕士研究生论文数据库""精品课程教学参考书数据库"，其学科内容覆盖了学院多个专业及学科。四是镜像数据库，是指比较成熟的数据库系统，在某一地区比较有影响的图书馆中设立镜像站，有利于该地区读者利用该数据库系统。如国外的数据库系统 INSPEC、EI、CAS 等在清华大学图书馆设立了镜像站点，而中国期刊全文数据库（CNKI）已在大部分专业图书馆建立了镜像站点。五是全文数据库检索服务，全文数据库检索服务是目前专业图书馆开展信息服务的主要内容，这项服务内容方便了读者用户查找全文文献，为读者教学和科研提供了丰富的资源保障。如清华大学图书馆提供了 68 种外文全文数据库（国外全文数据库部分收费），中国知网提供了 38 种中文全文数据库（部分收费）检索服务。

读者通过该馆的网站,点击各个有关的数据库,即可以查找并全文下载所需的文献信息。

3. 文献传递服务

文献传递服务是指各种信息服务机构通过因特网帮助读者提供或获取原始文献的服务。图书馆文献传递服务是图书馆之间或图书馆与其他文献情报机构之间建立协作关系,相互利用对方文献信息资源以满足用户需求的一种资源共享方式,即从异地获取用户所需的文献并提供给用户的服务。文献传递服务是弥补图书馆馆藏资源不足、实现资源共享的重要方式之一,是图书馆传统业务馆际互借在网络环境下的业务拓展和深化。如中国高等教育文献保障系统(CAUS)采用分布式文献传递服务模式,为 CALIS 成员提供文献传递服务,收到了良好的效果;又如西北大学图书馆与 CAUS、南京大学等图书馆建立了馆际互借、文献传递协作关系,并通过补贴传递费用向全校教师及研究生提供服务,文献传递服务为用户从国内外获取了大量学习和科研急需的文献资料,用图书馆的一切行动满足了用户的需求,受到了用户的普遍欢迎。

4. 数字参考咨询服务

数字参考咨询服务(DRS)是一项基于互联网的服务,它不受系统、资源和地域等条件限制,能利用相关资源,通过专家为用户提供 24 小时不间断的信息服务,并能使用户在限定的时间内,获得想要的答案的一种新型虚拟咨询服务。其实质是通过网络化、数字化的手段为用户提供咨询服务,帮助用户获取所需信息。图书馆通常可通过聊天室、网络会议、网络呼叫中心等同步参考咨询模式和常见问题解答(FAQ)、电子公告系统(BBS)等异步参考咨询模式以及学科专家解答(AskA)、合作数字参考服务(CDRS)、虚拟咨询台(VRD)等网络化合作参考咨询。如上海地区文献资源协作网于 2001 年 5 月开通的"网上联合知识导航站",可提供国内目前较具有合作化功能的数字参考服务。该服务联合了上海图书馆和上海十几所高校图书馆的参考咨询服务人员形成分布式的虚拟参考专家网络,用户可采用 E-mail 方式在上海图书馆提供的统一界面,自选某一专家来向其提问和解答,与此同时,用户与专家之间的交互信息会发送到上海图书馆中心数据库中。又如沈阳体育学院图书馆利用 E-mail、网上咨询等方式解答用户在利用图书馆过程中遇到的各类问题,指导并帮助用户查询馆藏目录信息、读者借阅信息,指导用户检索和利用各种电子资源,受到读者用户的广泛赞誉和好评。目前,数字参考咨询服务可为用户提供定题服务、参考咨询和科技查新等服务。

5. 网络资源导航服务

网络资源导航能帮助用户拓宽搜索资源的范围,指引用户浏览和检索相关主题网站。网络资源导航是根据特定用户的信息需求,利用超链接技术对网上信息进行搜集、筛选、分析、评价、组织、序化、发布、传递等流程,建立起科学的、系统的资源组织体系、动态链接、信息数据库和检索平台,利用计算机和网络检索,指引用户通过网络及时、准确地获取所需信息资源的过程。图书馆可为用户提供网上资源导航、馆藏资源导航、数据库导航、网站导航、学科导航等服务。如清华大学图书馆承建的"211工程"的11个重点学科导航库以及其他学科的导航资源,为用户提供了网络学术资源查询服务。又如沈阳体育学院图书馆建立的"中文体育学科导航"和"外文体育学科导航",可方便师生查询国内外体育文献。

6. 信息共享空间服务模式

信息共享空间(IC)是一个由物理空间和虚拟空间共同组成的,拥有最新技术设备,提供一站式信息服务,培养用户信息能力,供用户共享信息资源交流学术的崭新空间和平台。包括参考咨询服务中心、独立研究室、资源集中区、辅助服务区、娱乐休闲区等部分。图书馆构建信息共享空间,不仅可以进一步拓展图书馆服务,而且可以更好地优化图书馆内部空间,提升图书馆服务品质与内涵。如上海师范大学图书馆构建的IC,强调交流合作与信息共享,该馆的IC内设有五间协作讨论工作室和一间多功能教室,为用户提供合作学习和研究讨论的空间。

第四节　"互联网+"业态下读者信息服务发展路径

"互联网+"是指以互联网为核心,以大数据、云计算、人工智能等一系列高新技术为手段,将互联网技术和实际产业相结合的一种新模式、新方法、新业态。"互联网+"打破了传统的信息闭塞环境,较大程度地促进了需求的释放,有效遏制了技术垄断,为创新带来了新动力。毋庸置疑,"互联网+"的最终目标就是要链接一切,"互联网+"在图书馆信息服务中的应用,其目的也正是要建立图书馆工作人员与用户之间、信息之间、物质世界与互联网虚拟世界之间的联系,让用户获得自己的所需。

一 "云计算"提供信息服务智力平台

通过采用"云计算－物联网""移动互联技术"可使传统实体图书馆、数字图书馆,甚至信息交互平台等连接媒介达成服务协议、交互规则及信任关系,对图书馆工作人员、用户、读者、机构、行业等多元素进行有效连接。可见,面对读者的个性化需求,在"互联网＋"业态下图书馆信息服务仍有较大的发展空间。

1. 夯实大数据整合服务的基础

图书馆的本质是以提供知识为主要功能的主体,其所能提供的知识质量和数量决定其核心竞争力。在"互联网＋"业态下,云平台成为图书馆打造信息服务、智力服务的重要手段。大数据整合后的数据一般来源于传统资源、共享资源和开放式资源,将这些资源进行整合后能够进一步增大资源容量,确保用户在强大资源基础上获取知识。传统资源是指图书馆固有的资源,包括纸质图书、电子图书、自由服务器上的数据库资源等,这些资源是通过多年发展与积累的重要资产,体现了图书馆的知识积累和学科发展特色,是珍贵的自有资源。共享资源图书馆自有的资源,是通过与政府、其他图书馆建立联盟或合作而共享的电子资源或馆藏资源。此外,共享资源还包括图书馆通过购买、订阅专业数据库和数据系统,为读者提供数据服务资源。开放式资源是将资源传递方式由"一对多"转向了"多对多"的方式,将用户与用户连接起来,也可作为用户参与到开放式共享资源的传递过程中。开放式资源模式,允许用户在互联网平台上传的同时进行搜索和下载,进一步丰富了资源共享的内容。

2. 提升数据筛选服务质量

在强大数据资源的基础上,基于云平台的数据筛选为图书馆信息服务提供了强大的技术保障,能够使用户便捷地获取所需的资源。强大的数据筛选主要体现在信息服务内容筛选的效率、准确度和规范程度上。就筛选效率而言,基于云平台的数据筛选能够利用云技术、云计算实现高速的传输和运算,改变了服务器检索多方信息传递耗时过多的状况,能够利用已存储的云端数据实现对筛选指令的快速响应。

（1）准确程度。数据筛选技术能够科学地辨别出结构化信息和非结构化信息，并对信息内容进行恰当的分类和赋权，从而在筛选过程中以科学的标准将大量非结构化信息进行有序地整理，将杂乱无章的内容通过云计算转变为可以进行检索与控制的数据化信息。元数据仓库、关键词整理技术都是为了便于数据筛选而进行的数据整理和信息结构化手段。

（2）规范程度。数据筛选能够进行规范化的数据输出，将数据以符合用户需求的形式呈现，并能够完整地追踪数据的来源、形式、完整程度等内容。数据筛选是用户获得便捷服务的直接渠道，能够真正提升图书馆信息服务的效率和质量，促进图书馆服务能力的提升。

（3）个性化计算推动定制服务。通过个性化的计算促进定制服务的实现，是图书馆全新信息服务的发展方向。定制服务是指能够依据用户的喜好、选择和个人特征，为其提供可能存在的潜在需求的服务。基于云计算的个性化定制服务主要体现在知识发现和智能代理两个方面，其均与云计算水平和大数据密切相关。知识发现是将现有的信息通过归纳分析、归类整理、结构化加工等方式，从大量数据中发现潜在的、有用的知识化信息的过程。根据用户的学科领域和关注角度，从海量数据中提取知识化的信息，从而为用户学习和科研教学提供新方法和新思路。智能代理是自动化更新、检索、推送的工具，是将个性化计算、大数据和人工智能等一系列技术进行综合运用的智能化服务手段。将智能代理应用于图书馆个性化服务能够定期对用户的行为进行检测和跟踪，并基于用户的行为智能地运用已有的数据资源和信息资源，为用户推送所需内容，从而帮助用户获取更多的定制化信息。

二 "物联网"升级信息服务内容

个性化计算不仅能为图书馆信息定制服务提供帮助，还能依据用户数据为用户的学习和研究行为提供指导，并能够进一步提升信息服务效果。

1. 虚实交互覆盖教研全过程

物联网是互联网的进一步延伸，是将互联网从线上转移到具体的事物上，使实物与网络相连接。图书馆的信息服务通过物联网，能够覆盖到教学与研究的整个过程，包括文献检索、阅读、交流分享等。在文献检索上，物联网能够突破传统电脑终端页面点击式检索的限制，引入触摸屏幕搜索、语音识别搜索、指纹验证登录等多项技术,使文献检索和图书查询充满趣味,未来还可进一步促进人机互动,提升用户体验。

(1)在阅读上,除了能够实现通过触摸屏阅读电子书之外,还能够通过语音指令唤醒与学科知识相关联的其他图书、电子资料及音视频内容,用户能够在阅读过程中享受超越传统阅读模式的多媒体阅读和多样化阅读体验。

(2)在交流分享上,基于虚拟网络与现实设备的连接,能够通过独立设置的物联网实现网络连接、空间投影、语音切换幻灯片等功能,使整个交流与分享过程更加自主,分享者能够摆脱展示台的限制,参与者能够接收更加广泛的信息。

(3)在虚实交互中,读者不仅能够从充满科技感的体验中获得更多知识,而且能够在现有技术的基础上思考如何进行创新。

2.嵌入式服务提升教研质量

将物联网技术嵌入教学和研究过程,运用互联网丰富的资源,通过互联网提供操作平台,从而优化现有教学和研究过程,提升教研的广度和深度。在教学过程中,通过嵌入在教学区的课程教案、参考资料、相关课程、交流平台等进一步增强教学效果。嵌入课程教案和参考资料能够为课程提供信息化的教学工具,并使学生获得更丰富的知识。嵌入与所授相关的课程能够使读者在已有课程的基础之上,通过学习相关课程加深对所学知识的理解,并且通过聆听不同课程的相同内容,使读者"学百家之所长",获取更加全面的信息。

(1)交流平台的嵌入为读者互动提供了媒介。该平台可由图书馆进行管理和注册使用,丰富了沟通方式。在研究过程中,嵌入式服务表现为在文献与数据检索、科学实验、成果认证与交流等方面,为文献与数据检索提供深度的数据服务,为科研课题提供充足的数据资料;在实验过程中,能够获得关于该领域相关的边缘学科和科研人员信息,尽可能为实验者提供更多的理论背景和智力支撑;在成果认证与交流上,将研究成果在网络平台发布,能够被全网所有用户检索,进一步增强了研究知名度,促进了更深入研究的开展。嵌入式服务是教学和研究过程的场景化嵌入,增添了数据化和智能化工具,从而提升了教学和研究的质量。

(2)深挖技术激发二次创新。深度挖掘是通过数据挖掘技术对已有信息和知识进行挖掘和分类,从而进行读者需求信息和科研动态信息挖掘及个性化知识库的构建等服务。读者需求挖掘能够通过图书馆的互联网、物联网大数据探索读者运用图书馆服务的行为取向，尤其是接受信息服务的偏好，生成读者"画像"和读者需求数据化指标，为更优质的信息服务提供现实性数据。科研动态挖掘是图书馆发挥知识传播媒介作用的重要方式，能够立足实际，对读者的科研动态进行深度挖掘，通过与同类专业和相关领域科研成果的对比反映该科研的动态，为科研的进一步开展提供指导，也为科研能力和科研知名度的提升提供数据支持，有益于激发二次创新。建立个性化知识库，从而实现知识的整合创新，它不仅能够更好地服务于读者，还有利于进一步开展相关领域科学的研究。

三　"移动互联技术"拓展信息服务渠道

近年来，我国移动互联网获得了迅猛发展，据统计，随着移动网络流量的增长，快速发展的移动互联网使越来越多的用户选择使用移动终端接收信息，抓住移动终端市场是图书馆拓展信息服务的全新途径。

（1）移动互联网促进服务载体升级。移动互联网是"互联网＋"得到纵深发展的具体表现，其通过移动终端使用户能够即时接收信息。移动互联网在图书馆信息服务变革中的应用主要体现在即时互动上，包括用户与用户之间、用户与图书馆之间的互动。在用户与用户之间，通过建立以移动互联网为基础的交流社区，能够进行更加便捷的知识分享和经验交流；在用户与图书馆之间，图书馆能够通过 App、微信公众号等为用户推送定制化的服务信息，用户能够在移动终端上进行问题反馈，双方交流更加通畅、更加快捷。此外，借助移动互联网，图书馆能够为更广泛的用户服务，并通过及时的信息互动和信息交流提升用户满意度，构建更具知名度的图书馆服务品牌，提升服务价值。

（2）"微服务"增强用户黏性。"微服务"是指借助微信、微博等载体将图书馆现有的功能引入移动设备，使用户能够通过移动终端随时随地享受图书馆的服务。"微服务"一般包含馆藏查询、信息公告、在线咨询、互动交流等模块，各模块共同组成了用户服务闭环，能够基本满足用户的需求。馆藏查询是最基本的服务，用户可以通过移动终端查询所需文献和电子资源等信息，便于在非图书馆场所进行；在线咨询是用户与图书馆的互动模块，能够使用户所咨询的内容获得及时的反馈,用户的信息接收更加便捷;互动交流是用户之间进行沟通的模块,也是"微服务"构建品牌形象,提升自身知名度的重要方式。通过一系列的"微服务",图书馆被用户视为一个既能及时沟通,又能提供知识的智能助手,可大大改变用户对传统图书馆死板僵化的印象,从而提升用户黏性、满意度和美誉度。

(3)多样化的新技术提升用户体验。伴随移动互联网技术的快速发展,越来越多的新技术被应用于用户的体验,这些技术包括5G网络、基于位置的服务(LBS)地理定位、移动支付等,每项新技术都可在图书馆"微服务"体验中发挥作用。5G网络代表了更快的网速,能够大大提高信息检索和资源下载的速度,并且伴随着各大运营商的"降费提速",用户将会越来越多地使用移动网络获取图书馆的信息服务。LBS地理定位技术能够通过网络和GPS定位功能获取用户地理位置信息,图书馆能够利用该技术基于用户所在位置向周围的人提供信息,并能与相关平台合作开展线下的联合活动,从而提升自身的影响力。移动支付与知识付费相结合,能够将平台中的付费内容利用移动支付在移动端输出。各项新技术在服务形式和发展模式上提供了新的可能,图书馆战略规划人员可根据移动互联网技术发展趋势,制定符合实际情况的移动图书馆发展规划,从而更好地服务用户。

"互联网+"与具体行业的发展应回归用户服务的本质,不能片面追求"互联网+"的概念而忽视其行业本质和发展实质。对于图书馆信息服务而言,应以人为本,以读者为核心服务群体,以国家政策和图书馆管理规定为原则,根据自身的实际情况开展有益的尝试与探索。在"一切皆为互联"的时代,图书馆信息服务必须勇于变革,善于变革,以实现自身的可持续发展。

第七章 >>

图书馆网络设施体系研究

图书馆网络资源是一种无纸化的情报信息,通过图、文、声、像并茂等特点服务于读者,它拓展了图书馆的服务空间,并为图书馆的数字化建设奠定了良好的基础。读者群体的普遍性和特殊性,决定了网络资源检索具有较高的读者利用率。

第一节　图书馆网络设施设计思路

随着时代的发展,年轻读者对网络资源的需求越来越高,这些需求不仅体现为对网络环境的要求,还体现为对阅览环境的要求。如何建立一个适合当代读者的网络资源检索区,已经成为许多图书馆重视的问题。

一　传统电子阅览室的弊端

随着网络技术的发展,管理人员对图书馆合理利用空间提出了新的要求,传统的电子阅览室建设已经不被读者认可。传统电子阅览室一般采用类似于网吧似的建设格局,仅对每台用户机是否连入互联网进行管理,并没有把数字资源作为本馆宣传的主要目的,所以读者不知道数字资源都有哪些内容,在多数读者心中电子阅览室更像是一个图书馆设立的大网吧,这样的建设方法不仅局限了读者对数字资源的认知,而且使得图书馆的数字化服务变为空谈。

二 建设适应当代读者需要的网络资源设施

电子阅览室的布局是否合理是影响和限制图书馆提供数字资源服务的一个因素。读者们更需要隐秘的私人空间和交流的讨论空间，以及随手可得的纸质资源，只有改变建设理念和建设思维，才能更好地为读者提供优质的数字化服务。

（1）改变服务理念。图书馆作为提供数字资源服务的最前端窗口，网络资源检索区要改变只满足读者上网要求的思想，不仅要为读者提供检索阅读功能，还要提供优越的阅读环境。对电子资源应该向读者主动宣传。在宣传过程中不仅要依靠图书馆网站，还要有针对性地向读者推送一些数字资源，使读者更加及时地掌握自己所学专业的相关动态，使读者从服务中区别网吧和文献检索的差别。在建设布局上，不要认为机器设备越多提供的服务就越好。宽松的阅读环境不仅可以使读者阅读心情愉快，还可以使读者集中注意力。

（2）采用先进的机房管理软件。随着网络技术的不断发展，先进的机房管理软件将大大提高服务功能的研发与设计。在选择管理软件时，可以选择服务功能较为强大的管理软件，这些软件不仅可以管理机器，还可以为读者提供即时消息，甚至可以与读者互动。当读者进入系统，系统通过识别读者身份和所在单位信息，判断读者所学方向，对读者进行相关数字资源的推送。这些管理软件有较好的兼容性，不仅能同图书馆的管理集成系统连接，而且还可与局域网连接。读者通过管理软件可以轻松地掌握图书馆发布的动态、通知及公告，还可以了解所学专业的相关学术性报告及研讨，使图书馆的服务有针对性地更加贴近读者。

（3）设置标识功能。标识是一种视觉符号，通常应用在公共空间、公共系统中，如交通信号、道路指南。其传达能力比文字强，让浏览者通过感观就能清晰地理解和识别符号的含义。标识能够提供一种视觉隐喻，能赋予操作行为的某种含义，这样用户看一眼标识便知其表达的内容。因此，标识是一种提高用户识别与体验的简易工具，它能够很好地组织相关内容，吸引用户注意力，将用户引导至重要的信息位置。如当一个人到国外，在语言不通、交流不畅的情况下，标识便会替代语言，帮助其解决困难问题。不难看出，标识已然成为人与世界沟通的桥梁和精神的媒介，这与人观看图形的思维过程有关。标识的视觉功能所呈现出的画面与周围的物体十分相似，人的视觉在识别图形时会产生一种本能的直觉反应，大脑在感知图形时就不需要再对其进行转化。一些心理学实验表明，简单的轮廓画面可能对跨文化传播的直接认知有所帮助。人的大脑看到的标识解意的速度比看到文字解意的速度要快，标识能起到提高利用图书馆的效率和增加读者使用舒适度的作用，对于图书馆网站来说，网络标识是一种重要的读者导航，是网站的点睛之作。图书馆作为社会公共服务机构，用户访问量大、利用频次高，尤其在国际化的今天，图书馆的主页空间里完备的服务标识系统，清晰的服务图标，都会给读者使用带来极大的便利和一定的亲和力。

（4）导航内涵明晰。如今我国图书馆的标识设计更加重视图书馆的文化理念，尊重大众读者的审美观念，依托传统文化，同时积个性化创作标识或从标识的设计立意与文化撞击过程中引发出的象征性意义。如北美地区图书馆面向的服务对象范围较多较广，对空间的设计、划分十分细致，代表性图书馆有北卡罗莱纳州立大学图书馆，其网络标识从左到右，从上至下，分别为：绝对安静区、休闲沙发区、群体讨论区、独立学习区、大桌子区、通宵开放区、可存物品区、站立学习区（从方便用户使用便携式电脑的角度考虑）。通过区域划分和在图书馆中设置明显和清晰的引导标识，将人性化、个性化的服务理念进行到底。

（5）网络标识简便直观。图书馆网络标识要具有简便、直观的特点，简便的标识消除了语言上的鸿沟，是对环境、资源、服务的定位进行简洁的引导。标识让语言有了关切和形状，让用户可以与图书馆直接对话，弱化了文字揭示与服务功能之间的差异。相比之下，我国图书馆的网络标识建设仍处于初期阶段，大多数图书馆在主页上有关于文献资源、开馆时间、在线咨询等简易标识，还有一部分的图书馆均仍以文字形式介绍本馆的服务内容。

在我国图书馆迅速发展的今天，应思考研究建设统一、规范的图书馆网络标识体系，应当使图书馆行业拥有一套高雅、清晰、饱含文化的网络标识，并在全国范围内广泛推广与应用。在图书馆建设中，图书馆工作人员应集思广益，在遵循法规、标准、规范的同时，个性化地将本馆文化融入标识设计中。设置标识、传递信息，建立完善属于中国式的图书馆网站的标识符号和符号文化。

第二节　图书馆网络设施与网络安全评估

数字图书馆网络与信息系统安全评估的结果具有一定的科学性、准确性、快速性和经济性，其主要受到评估指标体系的科学性、普遍性和可操作性等方面因素的影响。

一　数字图书馆网络与信息系统安全评估指标体系构建

1. 网络规划与基础设施建设

网络规划和基础设施建设的指标是针对网络规划方案的合理性和基础设施的建设进行评价，该评价具体包括 5 个指标。

（1）网络系统安全性指标。该指标是整个数字图书馆网络与信息系统安全保障的基础，其权重最高，网络系统架构采用国际统一标准进行设计，同时达到国家数字图书馆安全设计要求，能够在 3～5 年内满足数字图书馆的安全需求。

（2）安全区域划分合理性指标。该指标的建立，主要是根据数字图书馆网络与信息系统各部分的重要性，将其划分为多个安全区域，执行不同的应急预案和安全策略。

（3）系统边界安全防护等级指标。该指标主要是能够合理部署系统入侵检测点，并对网络与系统分级别进行监控。

（4）服务器安全指标。该指标主要是确定数字图书馆各类服务器操作系统，数据库以及应用系统的安全配置是否合理，承载核心业务的服务器是否能够满足安全要求。

（5）通信协议安全指标。该指标主要是评估网络与系统是否基于 TCP/P 协议进行通信，并且支持多个网络协议的快速切换。

2. 安全管理制度

安全管理制度主要是针对安全建立的制度的内容等方面进行评估的指标，其包括 5 项制度指标，分别为网络安全管理制度、人员管理制度、信息发布审核制度、培训制度以及值班安全记录。

（1）网络安全管理制度指标。主要是评估数字图书馆各业务部门是否制定相应的网络及信息系统安全管理制度以及制度内容的实用性、健全性、合理性等。

（2）人员管理制度指标。主要是评估数字图书馆是否具有相应的人员安全管理工作相关制度，并且按照制度进行管理和规范操作。

（3）信息发布及审核制度指标。主要是对指定的信息发布等级以及信息发布内容进行审核的制度，以及该制度的健全性、合理性。

（4）培训制度指标。对网络与信息系统安全培训建立的制度，以及对安全培训情况进行的评估。

（5）值班安全记录指标。主要是评估各班次值班安全记录登记是否完整、详细、真实、准确，是否设立专人进行定期检查。

3. 网络系统健壮性、冗余性

网络系统的健壮性和冗余性指标主要是针对网络性能、安全性等方面进行评估的指标，其包括5项指标，分别为数据传输网络的可靠性指标、访问控制指标、数据安全性指标、服务器容错和扩展能力指标、服务器性能指标。

（1）数据传输网络的可靠性指标。主要是对数字图书馆网络与信息系统是否支持自动化智能化管理，信息传输网络的安全性、可靠性的程度，网络的区域划分以及系统是否具有安全防护软件等方面进行评估。

（2）访问控制指标。主要是对信息系统的用户访问权限的设置和实际控制能力以及准确识别用户操作防抵赖的能力进行评估。

（3）数据安全性指标。主要是对网络和信息系统是否能够保证数据的完整性和隐私性，以及是否采取措施避免数据丢失等方面的能力进行评估，同时还需要评估系统是否对重要的数据进行了加密保护措施。

（4）服务器的容错和扩展能力指标。主要是用于评估数字图书馆信息系统服务器的容错能力以及可扩展能力。

（5）服务器性能指标。主要是对信息系统服务器的响应时间、请求失败率、持续工作时间、迸发能力等方面的性能进行评估，从而确定服务器性能是否能够满足设计要求。

4. 系统容灾能力

主要是评估系统在发生故障时的自愈能力和数据保护能力，其包括2项指标，分别为容错性检测指标和数据恢复能力指标。

（1）容错性检测指标。主要评估系统对输入异常数据或异常操作的检出能力。

（2）数据恢复能力指标。主要是评估系统在遇到突发故障之后恢复数据的能力，也是系统最主要的能力之一，是保证系统可靠性和安全性的重要指标。

5. 评估指标体系的应用

评估方法是数字图书馆网络与信息系统安全评估的重要内容，其对安全评估指标体系的应用效果产生直接影响。数字图书馆网络与信息系统安全涉及到多个方面的内容，具有较高的复杂性，导致其评估指标也较为复杂。因此，数字图书馆网络与信息系统安全评估方法具有综合性、多样性的特点。

（1）定量与定性结合的评估方法。根据数字图书馆网络与信息系统安全评估指标的设计，其评估需要采取定量与定性结合的方式，以定量评估为主，同时利用定性评估辅助整个评估过程。

（2）专家与用户结合的评估方法。数字图书馆网络与信息系统属于综合性的服务系统，其评估过程不仅需要专业人士从专业的角度对其资源、服务、技术、管理等进行综合评估，还需要用户对其具体的使用体验进行评估，用户是最有发言权的最佳评估者。

6. 评估流程

应用数字图书馆网络与信息系统安全评估指标对某一图书馆进行评估时，主要按照以下流程展开评估工作。

（1）结合项目评估的目的，确定具体的评估体系。聘请相关专家参与评估工作或者邀请特定的读者根据具体的评估内容进行。

（2）构建评估指标。构建的评估指标，并非适用所有数字图书馆，在实际评估过程中，需要结合待评估的数字图书馆网络与信息系统的具体规模和特点，选择部分指标作为评估工作的基础指标，并在此基础上，结合待评估的对象的具体特征，进一步细化和研判评估体系指标。

（3）根据具体评估目的和评估对象的特点，对每个指标的权重系数进行适当调整，从而确保评估结果能够更贴近实际情况。

（4）通过调查问卷、人员访谈、网络统计等多种方式获取定性数据和定量数据，为评估结果提供有效的数据支持。

（5）在获得评估数据之后，需要对数据进行统计分析和处理转换，其中需要对定性数据进行量化转换。

（6）对处理之后的评估数据进行综合分析，论证评估的有效性，得出最终的评估结果并出具评估报告。

二 数字图书馆网络与信息系统安全评估结果与分析

根据评估指标体系对数字图书馆网络与信息系统进行安全评估之后，将各个指标项的分值相加，最后能够得到一个评估分值，然后按照分级方式对数字图书馆网络与信息系统安全进行划分。数字图书馆网络与信息系统的安全涉及多个方面的内容，对其进行安全评估的过程中，构建的安全评估指标只能适应大多数图书馆的情况。在实际评估中，还需要结合实际评估目的和信息系统的特点，对评估指标进行不断的补充、完善、修订，从而真正建立一套符合各馆数字图书馆发展的网络和信息系统安全评估指标体系。

为了保障网络安全，贯彻执行《中华人民共和国网络安全法》，积极维护网络空间和国家安全、社会公共利益，保护公民、法人和其他组织的合法权益，促进经济社会信息化健康发展。图书馆信息网络的安全有以下三个目标：一是完整性，保证非授权操作不能修改、增删数据。二是有效性，保证非授权操作不能破坏各种数据。三是保密性，保证非授权操作不能获取受保护的信息资源。有效保护图书馆的网络信息数据，提高图书馆网络信息安全成为必须考虑和解决的重要课题。

1. 图书馆网络面临的安全威胁来自外部威胁与内部威胁

（1）外部威胁。图书馆网络经常遭受外部计算机病毒与黑客的网络攻击，在有重要的会议及重要活动时，安全形势相当严峻。当前计算机病毒种类繁多，载体也无孔不入，僵尸、木马、蠕虫等下载器不断变异，源源不断地衍生出新的版本，隐藏在网络和传播的软件安装包、图片、视频、文档、电子邮件等各种类型的文件中，甚至嵌入源代码和网页中，一旦加载到内部网络和本地存储介质中，就会潜伏起来，在某个时机暴发，对网络安全和信息安全造成极大的威胁和破坏。网络攻击手段也层出不穷，如拒绝服务攻击，篡改网页内容，盗取网络和系统管理权限，复制、删除、篡改数据库中的用户信息、商业机密、客户资料、财务信息等敏感数据，篡改、删除核心网络设备的配置数据造成网络瘫痪，给被攻击单位和个人造成极大地损失，也给公共安全带来了巨大危害。

（2）内部威胁。古语有云,祸起萧墙。坚固的堡垒往往从内部被攻破。例如,防火墙只能防止外部攻击者的入侵,一旦病毒绕过了防火墙进入到网络内部,防火墙就变得毫无用处。包括网络运营商的站点镜像在内的许多网站在提供各种资源的时候,不管是出于有意还是无心,事实上在资源文件中都捆绑或感染了大量病毒的恶意程序,一旦被缺乏安全防范意识的读者用户下载到本地,就会在内部网络中迅速传播,导致计算机系统运行变慢,课件、毕业论文等资料不能打开、乱码或被删除。广大用户的个人计算机往往属于日常维护和管理级别,系统中存在大量漏洞,甚至于不安装任何杀毒软件和防火墙,而部分用户又缺乏足够的自制力,主动安装翻墙软件或浏览一些不安全的站点内容,给攻击者留下了可乘之机,受到钓鱼网站、欺诈广告、极端言论的侵扰,甚至引起 QQ 号被盗、银行卡号及交易密码等敏感信息泄露,给自己和亲友带来经济与财产上的损失。

2.保障图书馆网络安全的对策

为了保障图书馆的网络安全,可从以下几个方面采取措施:一是加强基础设施建设的投入;二是支持安全运行及维护人员在技术层面上的提升;三是提高工作人员及读者的日常安全意识和自我防范能力;四是完善图书馆网络安全制度建设;五是规范数据中心的管理与维护等。

（1）按照网络安全等级保护制度的要求,制定内部安全管理制度并规范操作流程,明确网络安全专项责任人,将网络安全保护责任落到实处;对网络入侵和木马病毒、网络攻击等危害网络安全的行为采取有效的技术保护措施;对网络运行状态、网络安全事件进行监测和记录,留存日志在半年以上,以备查验;对数据进行分类管理、重要数据做异地备份和加密处理。

（2）督促网络产品、服务的提供商定期实施安全维护和进行必要的软件、硬件升级。

（3）为新用户办理网络接入时,用户必须提供真实身份信息后方可为其开通入网账号,否则不得为其提供入网服务。

（4）制定网络安全事件应急预案,实现秒级响应机制,并定期进行演练;定期扫描系统漏洞,并及时修复;定期查杀计算机病毒,防范网络攻击、网络入侵等安全风险,并及时予以排除;在危害网络安全的事件发生时,立即启动应急预案,向主管部门报告。

（5）加强建设硬件防火墙、入侵检测系统等关键基础设施,确保其具备支持业务稳定、持续可靠运行的性能,定期对工作人员进行网络安全教育和技术培训,对重要数据库和系统进行防灾备份。

（6）健全上网用户信息保护制度。工作人员必须对在履行职责中知悉的个人信息、个人隐私等严格保密,并采取必要措施,确保其收集的个人信息安全,防止信息泄露或丢失。

（7）建立网络病毒防护系统。网络病毒具有传染性、潜伏性,其传染快、危害大,不易防范和清除。一是采用"三无一禁"政策,即网络系统上机无光驱、无软驱、无保存、禁用 USB,只能通过内网交换机访问图书馆系统的服务器,而不允许进行外网访问。二是图书馆网络信息系统与互联网严格隔离外网,阻断病毒入侵的端口和路径。三是在服务器前端安装过滤网关卡,在网络入口实时杀毒,使图书馆内网,得到有效保护。四是将图书馆网络信息系统划分多个虚拟局域网,如采编、流通、期刊、办公,并通过访问控制封掉病毒端口,把病毒感染的区域限制在最小范围内,防止病毒从一个区域向另一个区域直至全网范围进行传播。

（8）做好系统数据备份工作。数据备份是图书馆保证数据安全的最后一道防线,数据备份有本地备份、异地备份、网络备份、双机容错系统备份等多种方式,应结合本馆实际情况选择适合的方式进行备份。利用数据备份并通过对关键数据自动、实时、智能备份,可以使关键数据及文件备份达到容灾备份的效果。对书目数据库、流通借阅库等核心数据、原创数据,采取双机备份技术,而且是异机、异地备份,较好保证图书馆网络系统的安全,即便出现灾难性的故障,也能快速恢复数据,使图书馆业务工作不会因此受到影响。

第三节　图书馆网络环境建设

随着信息网络环境的建设,信息资源猛然增多,使世界突然变小,作为信息交汇点的图书馆,也将改变传统的服务方式,积极地加入互联网络建设的行列中,建设具有自身特色的图书馆信息情报网,在先进成熟的计算机和通讯技术的基础上建成一个覆盖整个图书馆各角落的网络系统,实现各单元信息点之间信息交流的现代化、信息资源的共享化、数据传输的网络化。

一 网络信息资源的特点

网络信息资源一般理解为"通过计算机网络可以利用的各种信息资源的总和",与非网络信息资源相比,网络信息资源具有多种特点。

(1)网络信息类型多样化。从来源上看,网络信息资源可来自国家政府部门、机关行政单位、企事业单位、教育与研究机构、社会团体、个人等;从形式上看,可分为文本式文件、计算机软件、图像文件、声音文件等;从内容上看,涉及政治、经济、文化、娱乐等方面。

(2)网络存取方式多样化。根据日本情报专家对网络信息资源的归类,其存取方式可分为邮件型、电话型、揭示型、广播型、图书馆型和书目型。在网络环境下,信息存取方式与所能获得的信息资源的类型和范围密切相关。例如,图书馆信息资源是比较有代表性的存取手段,书目信息资源可以通过FIP文件提供的Archie和WAIS进行检索。

(3)网络存在状态无序、不稳定。Internet是通过ICP/IP将不同的网络连接而成的。Internet上的信息地址、信息连接、信息内容经常变动,信息资源不断更迭、消亡,对网络信息资源的组织管理并无统一的标准和规范。

(4)网络信息价值差异较大。网络信息发布比较自由、随意,信息质量良莠不齐,其价值差别较大,只有一部分信息资源能够真正用于图书馆的读者服务之中。

二 网络信息资源建设使图书馆面临着新的机遇和挑战

图书馆是信息情报中心,在信息技术发展的今天,传统的服务方式已受到挑战,电子媒体的发展和应用给图书馆带来新的服务方式,而互联网络的日趋商业化,给图书馆带来了新的竞争者,图书馆在技术指导下,应加强现代化通信设施建设,促进图书馆向电子化方向发展。

(1)馆藏信息资源建设的多样化。在图书馆馆藏结构方面,长期以往均以印刷型文献为主,文献的载体较为单一。随着文献载体的多样化,传统的馆藏结构也逐步进行了更新,为有效地扩充馆藏文献信息量,图书馆也加大电子文献入藏比例。因此,图书馆信息资源建设的对象就不再只是传统的印刷型馆藏文献,而是包括印刷型文献、电子出版物和网络信息在内的涵盖范围更广的信息资源。图书馆文献信息资源的建设不仅对印刷型文献进行入藏,也包括对光盘信息、网络信息的组织和导航。

(2)读者服务方式由文献传递服务转向信息导航服务。信息技术的快速发展改变了信息生产、传递与利用的方式,作为信息提供者的图书馆应该突破单一馆藏的限制,充分利用网上信息。数字技术促成了电子化信息的产生,Internet 的普及改变了读者利用图书馆的习惯,用户可以越过传统的图书馆,在家中、在研究室、在任何地方,直接便利地获得信息。

(3)组织管理工作由传统方式向现代化、系统性转变。一所图书馆的管理形式及水平是由图书馆业务工作不同发展阶段的技术特征而决定的,网络化建设使图书馆由手工管理方式向自动化管理方式过渡。新技术的运用,电子阅览室的出现,全文信息检索软件的安装,在互联网、局域网上定期发布信息,加速提高了自动化程度,也使原有的工作环节和流程也发生了变化,原有的部门职能也有了新的扩展。例如,山东师范大学图书馆文献查询中心已兼备了电子信息、网络维护及软硬件维护等职能,与各信息机构、网络、软件开发商等社会机构的合作与协调日益密切,对外交流越来越频繁。

(4)人的思维方式发生了根本变化。Internet 的出现,使思维方式从平面思维转向立体思维,由单向思维转向多向思维,从顺向思维转向逆向思维,从匀速思维转向跳跃思维。由于网络的建立和连通,信息来自四面八方,不仅有过去的、现在的、将来的,还有前景的、背景的、虚拟的、现实的,这就要求在观察事物和思考问题时,不能孤立、静止地去看问题,而是要从联系实际和定位发展的立体、多维的角度去思考。不仅如此,由于网络的出现,信息的大量集中,还提高了思维的效率;由于多媒体的普及,使形象思维更加多姿多彩;由于点线面的紧密交错,使逻辑思维更加严谨,这种思维方式的变化,有利地促进了图书馆工作人员思想观念的转变和研究视野的拓展。

三 图书馆加快实施网络信息资源建设的策略

图书馆网络信息资源建设是一个复杂而庞大的系统工程,必须明确目标,准确定位,调动全馆各方面的力量,分阶段逐步进行。

(1)数据库建设任重道远。图书馆网络信息资源建设,一个最基本、最困难的任务就是数据库的建设。数据库是网络信息资源共享的基础,要充分发挥本馆的资源优势,建设一批高质量、高水平的专业网络数据库,将馆藏资源逐步电子化,并使数据库的建设朝着多媒体化、智能化的方向发展。

(2)大力发展图书馆的硬件设施。图书馆原有的一些通信设施和服务设施已不能适应现代化图书馆的发展节奏,建设图书馆的网络信息资源要在原有设施的基础上,加大投入、发展硬件,如投入大容量的存贮设备、光盘、网卡等现代化的通信设备,实现图书馆内部与外部的联网。

(3)转变传统思想。随着电子信息技术的快速发展,人们对信息有了进一步的认识。西方发达国家的图书馆在现代信息技术的支持下,取得了突飞猛进的发展,使图书馆的行政管理、业务功能和传统服务方式发生了本质的变化。在这种形势下,我国图书馆界的全体工作人员都应该充分认识到信息时代下图书馆发展的危机感,将图书馆传统服务方式转变为信息时代的网络化服务方式,只有适应新形势才能生存和发展。

(4)提高工作人员的素质。信息时代的工作方式受到挑战,工作人员要积极地去适应新的要求,不断提高自身素质和业务能力。图书馆应重视人才的培养,加强网络信息的队伍建设,培养一批懂信息技术的人才,加强对馆内工作人员的计算机知识的培训,使他们在新环境下用新方式开展业务工作。

(5)加强公共服务系统的外部合作与交流。公共服务系统是图书馆对外服务系统的建设,通过网络流通系统和公共搜索系统,加强图书馆与外部的合作与交流、馆际协作,以及信息网络中的电子服务等。

(四)不断提高信息资源建设质量和计算机网络信息服务质量

与发达国家相比,我国图书馆信息资源建设还十分落后,要赶上和达到发达国家的水平有一定难度。由于信息技术的发展和信息渠道的通畅,发展中国家和发达国家的图书馆事业几乎处在同一条起跑线上。现在我们虽然有些落后,但是却可以借鉴发达国家的经验,少走一些弯路,发展速度可以更快一些。看准目标,精心选择和努力建设适合我国国情的各馆馆藏数据库。总之,实现计算机网络化、数字化管理和服务是图书馆的未来发展方向,读者通过计算机网络可以方便地检索和利用其他图书馆的信息,特别是Internet上的信息。图书馆网络化扩展了其信息服务能力,但网络上的信息资源纷繁复杂,给组织管理和有效查询带来了较大的困难。因而,我们必须不断分析、了解网络环境下图书馆信息资源的特点,并对其组织管理技术等加以科学地研究,才能有效地提高我们的信息资源建设质量,从而不断提高计算机网络信息服务质量。

第四节　数字图书馆信息系统建设

随着信息技术的不断发展,各种通讯技术的不断应用,各行各业都不同程度地实现了信息化建设,推动了数字图书馆的产生和发展。传统的图书馆管理存在很多缺陷,内容记载比较繁杂、管理过程比较繁琐,而在数字化不断普及的今天,运用各种先进的技术将图书馆工作内容用信息化方式进行储存和传输,对图书馆管理工作的效率提升有很大帮助。近年来,数字图书馆的建设取得了一定的进步,但仍然还存在一些问题急需解决。如何才能构建高效的数字化图书馆,是当前图书馆管理工作研究的重点,数字图书馆是传统的图书馆管理向现代化图书馆管理工作过渡进程中的一个产物,而数字图书馆的建设则是将高科技引入图书馆进行现代化管理的重要过程。

数字图书馆的作用

数字图书馆指的是以计算机作为管理的电子设备,基于网络对图书馆各种信息资源进行收集、整理、储存、共享的一种图书馆的管理模式。在未来的发展过程中,其对图书馆各方面的建设都会有一些促进作用。

(1)不断促进图书馆信息资源实现数字化管理。图书馆信息资源管理的内容就是对图书馆信息资源进行数字化储存管理,通过计算机技术、通信技术,将图书馆传统的资源管理过程进行转化,变为数字化管理。一是传统的纸质图书馆资源;二是视听型的图书馆信息资源内容;三是对以上两种图书馆信息资源进行数字化处理的图书馆信息资源内容。随着数字化和信息化时代的不断发展,图书馆信息资源管理数字化也变为一种趋势和发展方向。

(2)数字化是对图书馆各种资源进行处理的转化过程。在数字图书馆的建设过程中,各种办公业务也逐渐实现自动化和数字化,从而使得对图书馆各种信息资源的管理都能进行高效、系统的数字化操作,比如利用数字化手段对图书馆信息资源进行综合,形成条理清楚的图书电子文档并且传输到数字图书馆进行管理,以便图书使用者对其进行查询和调阅等。

(3)促进图书馆信息资源共享。数字图书馆的建设,一个重要的作用是通过计算机网络,将各地的图书馆信息资源进行连通,实现资源共享。实现资源共享的另一个方向是跨区域共享,各地的图书馆信息资源用户都能根据自己的需要在数字图书馆中下载所需的信息资料等,促进数字图书馆信息资源的分享。

二 如何加强数字图书馆网络信息资源整合

数字图书馆的出现是图书馆管理工作不断改革过程中的一项重要产物,是图书馆信息资源管理工作逐步实现信息化和数字化发展的重要载体,在加强数字图书馆网络信息资源整合的过程中,应遵循一定的发展原则和一般规律,对传统的管理理念进行改革,加强各种现代化基础设施的建设,以此来提高图书馆信息资源管理工作的效率和质量。

(1)更新传统的图书馆信息资源管理的理念。长期以来,图书馆的管理模式都比较传统老旧,如今数字化逐渐成为一种发展趋势,因此在图书馆信息资源管理过程中,要不断更新管理的理念。有的人认为,图书馆信息资源管理工作是可有可无,这一观念要及时改进和引导,让图书馆信息资源管理人员明白图书馆信息资源的重要性以及进行改革对图书馆信息资源管理工作的意义,改变传统的繁复的管理模式从而进行高效的管理。改变传统的图书馆信息资源管理理念,要定期对图书馆信息资源管理人员进行相应的宣传,宣传各种先进的图书馆信息资源管理知识和理念,在潜移默化过程中促进人员思想逐渐实现转变,为图书馆信息资源的整合奠定坚实的基础。

(2)加强数字图书馆网络信息资源整合。基础网络设施建设与数字图书馆网络信息资源整合,需要二者的基础设施建设和数字网络建设共同努力,基础设施是一个基本保障,只有不断完善基础设施建设,才能促进图书馆信息资源管理水平不断提升。基础设施的承载能力往往影响了图书馆数字化管理的水平和效率,在数字图书馆的基础设施建设过程中,要做好三个方面的工作。一是加强网络建设。由于图书馆信息资源管理的特殊性,在数字图书馆网络信息资源整合过程中,要建立相对独立的图书馆数据网络,与当前的互联网进行区分,根据具体的情况与当前的办公网络和业务网络进行有效隔离,在进行数据交换时,要采取严格的安全措施,以保证图书馆各种信息的安全性。二是对硬件网络容量进行配置和完善。由于图书馆内容量十分巨大,因此在数字图书馆的硬件建设过程中,要配置满足图书馆存储、查询等需求的各种服务器、扫描仪、打印机等设备,以满足海量的图书馆信息处理需求。三是加强数字图书馆信息资源管理中的软件建设。软件是数字图书馆的核心,无论是图书馆的整理收集,还是存储分享,都离不开软件建设,因此在配备图书馆网络系统的软件资源时,要选择稳定的、安全可靠的操作系统,以满足各种资料信息和数据管理的需求,要选用对应的扫描软件和图像处理软件,对图书馆信息进行有效地处理,同时,要选用合适的软件,实现电子图书馆与各项工作办公系统的衔接。

（3）加大对数字图书馆信息资源管理人员的培训力度。数字图书馆建设的效率与人才队伍的质量息息相关,加强数字图书馆网络信息资源整合,一个重要的方面就是要建设一支高素质的人才队伍。在人才选拔方面要严格把关,选择具有图书馆管理知识以及信息管理知识的综合型人员,参与到图书馆信息资源管理和整合过程中。对于在岗的工作人员,要加强培训,不断提升他们的业务能力和职业素养。在培训的过程中,可以采取长期与短期培训的方式,巩固业务知识以及各种计算机技术等的操作能力。

（4）加强图书馆与相关信息机构之间的联系。数字图书馆是图书馆发展的一个重要趋势,对图书馆网络信息资源进行整合,一个重要环节就是要加强与社会其他信息机构之间的联系,数字图书馆属于国家数字信息基础工程之一,数字图书馆网络信息资源整合,为人们对各种知识的了解奠定了坚实的基础。因此在数字图书馆网络信息资源整合过程中,应该加强数字图书馆网络信息资源整合与相关信息机构之间的关系协调和处理。比如加强图书馆与档案馆、博物馆、文化馆等机构之间的联系,加强对国家信息系统的利用效率,为数字图书馆网络信息资源整合提供坚实的基础。

三　Internet 对图书馆带来的挑战与机遇

Internet 的蓬勃发展对传统服务模式的冲击,尤其是信息高速公路在全球范围内的兴起,导致文献载体和阅读方式的变革,势必猛烈冲击印刷型出版物在图书馆的传统地位。虚拟图书馆的建立,使读者在自己的计算机终端,足不出户就可游览网络上的所有图书馆。虚拟图书馆、电子图书馆的优势,是传统图书馆所远远不能及的。这种先进手段对我国的图书馆等读者上门的传统服务模式将带来极大的冲击。

1. 技术和设施方面的压力

Internet 的出现,使得"全球信息检索"成为可能,图书馆必将作为全球信息网络的一个节点与其他节点相连。目前我国许多图书馆已开始将信息技术应用于图书馆工作中,如编目、流通、联机目录查询、生产自己的数据库,但与先进国家相比远远不够,表现在以下几方面。

(1) 数据库建设滞后,建库标准化水平低,数据质量差。

(2) 通信设施不完备,通讯线路传输速度低。虽然中国教育和科研计算机网速现已达到 128 kB/s,但与国外相比差距仍很大,尤其是传输速度与传输容量更显不足。

(3) 网络功能有待进一步开发与利用。各图书馆把自己的设施、资源信息的主页(Home Page)推至网上的工作尚处于起步阶段,图书馆文献信息资源建设的标准程度低,严重阻碍网络建设的进程。一是开发利用率低,对国外信息资料的揭示、报道不足;二是开发的深度不够,没有一套完整的发展战略,网络信息资源简单复制,任意粘贴的较多,而进行二、三次文献开发的较少,且重复率较多,不能形成网络信息资源开发与利用的良性循环;三是中文内容的数据库质量不高;四是在网络资源开发与利用的过程中,缺乏有效的控制手段,使网络资源的自由度和随意性较大;五是由于网络信息资源流动、加工、更新没有秩序和规律,达不到网络资源开发社会化和管理有序化,使网络信息资源有效性下降,加大了网络信息资源开发与利用的难度。比如,文献采购的标准化仍是空白,联机查询、馆际互借、电子文献传递的标准没有制定出来等情况。

(4) 图书馆网络管理人才紧缺。Internet 网络的迅速发展,促使图书馆加速对文献信息网络的建设,因此对文献信息专业人员的素质和人员的专业学科结构都有新的要求。目前,我国的图书馆紧缺的管理人才是既具备图书馆专业和外语基础,又掌握计算机网络知识和检索技术的复合型人才。计算机专业及其他高层次青年专业人员的流失,是图书馆实现网络化的主要障碍之一。

2. 利用 Internet 开展新的信息服务

通过 Internet 网络,图书馆和用户可以从网络中获得所需的文章,不必定购整本期刊,节省图书馆定购期刊的部分费用。在美国,全文数据库和多媒体技术已得到了广泛的应用,工具书、百科全书、电子杂志不仅可以数字化方式进行全文贮存,也可以一页一页地检索,有 15 000 种杂志实现了电子化,每月中旬即可查阅到当月月初的电子出版物。

(1) 利用网络进行信息传递。美国图书馆正在开发利用 Ariel 软件在 Internet 上传递文献,大不列颠图书馆文献服务部(BLDSC)正在研制利用 E-mail 进行文献传递的实验系统,Internet 使得信息资源共享更加快捷和广泛,改变了传统的馆际互借的模式。

(2) Internet 为专业图书馆的科研和技术发展提供信息服务。图书馆在信息服务中采用新的信息技术,为专业领域的用户提供高质量的信息服务,并通过信息服务进行投入产出效益评价,提高信息服务的有效性和水平。Internet 是一项重要检索服务手段,信息专家从中获取信息,提供电子版的 Gopher 信息查找系统、Ftp 软件、E-mail 服务,为用户提供统一的用户界面,使用户便于检索各种不同的科技数据库。

3. 专业图书馆对 Internet 的使用率大大提高

在藏书建设上更注重资源而非馆藏,增加新型信息媒体的收藏并纳入预算,包括专利、公司报告、经济进展、全球市场及当地和国际战略信息。

(1) 利用万维网(World Wide Web)促进图书馆网络化的发展。图书馆自动化系统应用模式的统一在万维网普遍使用以前,在图书馆自动化系统建设中,局域网采用什么网络协议,应用软件采用什么模式及采用什么样的数据库管理系统,是难以统一的问题。图书馆要提供万维网服务,它的自动化系统的基本模式就要适应万维网系统的要求而趋于一致,即网络层采用 Internet 的 TCP/IP 协议;应用层采用 Client/Server(客户 / 服务器)模式;外部应用程序(CGI)保护了不同图书馆中的不同结构的传统数据库资源,并通过统一的图形用户界面,提供统一的简便快捷的查询方式。

(2) 加快传统图书馆向电子图书馆转变。万维网是以超文本信息系统作为它与用户交互的基本文档,超文本信息系统在描述信息时,是将文献切分为知识结点或知识单元存贮起来,一个结点或单元可以有多个"指出"链路指向多个结点或相关知识单元,也可以有多个"指入"链路被多个结点指向,这样就将超文本信息系统联接成一个立体的、分层次的、网状的、非线性的信息空间。在 Internet 上,万维网使信息生产和信息利用统一起来,从而产生双向或多向的信息交流。图书馆文献资源的采购、加工和收藏,都要以能在环球网上提供服务为目标,从而加速馆藏文献资源向数字化、电子化方向发展,促使传统图书馆加速向电子图书馆过渡。

(3)促使图书馆业务分工的专业化、集成化。如前所述,万维网文档的基本类型是超文本信息系统,利用超文本信息系统的扩充,可以在各图书馆之间建立一个以专业为基础文本,由多个信息源链接成的专业资料文档服务体系。文献资源的这种组织方式是合理的、科学的。因为图书馆资料的分编、教学、科研都具有鲜明的学科专业性,读者一般都只关心自己的研究领域的文献或信息。因此,文档的组织需要按相关专业来组织链接,这就要求图书馆传统的业务分工体制进行变革,走专业化集成化的道路,把关于某一学科的书刊资料从采集、分编、阅览,到超文本信息系统的组织、开发及信息参考咨询等工作,纳入同一业务部门,着力培养一批熟悉学科领域知识的图书馆管理员。

(4)促进图书馆管理模式的变革。图书馆的传统管理模式是"重藏轻用",万维网的发展将改变这种传统模式。一是强化开发原始文献资源的深度,彻底改变"重藏轻用"的传统观念。文献信息资源仍是当前人们获得信息的最主要来源,图书馆是文献信息资源的宝库,应发挥这一优势,参与信息市场竞争。二是改变传统的管理模式。

随着万维网的发展,文献资源的数字化、电子化、超文本甚至超媒体化及管理系统的网络化,不再是局域的,而应是开放性的。图书馆的服务不只是馆藏信息资源服务,而应是网上信息资源服务,不仅要本馆的资源上网,而且要服务上网,上网信息包括各种公告、新刊目录报道、预约借阅、咨询等。图书馆内部的自动化系统将演变为用户与社会信息环境进行信息交互的界面,在这样的社会信息网络化大环境中,图书馆的工作将主要集中在响应用户需求的服务方式与质量方面。所以,图书馆应树立强烈的竞争意识,转变管理模式和服务方式,即将以馆藏为中心,管理本馆资源和提供本馆服务的模式,转变为以用户需求为中心,采集、开发网上信息资源的模式。

（四）我国图书馆网络建设的对策

信息网络时代,进一步地推动了信息网络的发展,同时为我国各行各业的发展提供了条件。因此,应努力研究网络资源的开发及利用,以适应未来图书馆网络信息系统建设发展的需要。

（1）宏观上加强图书馆信息管理工作的力度。图书馆文献信息网络建设是一项浩繁的系统工程,其管理工作要处理好三个方面的问题:一是领导机构要健全。需要政府建立有权威的,跨地区、跨部门、跨系统的全国性技术委员会,带领和协调全国各类图书馆和信息机构的网络化建设。二是运行机制的关系要理顺。在领导机构的指导下,在分支机构的带领下,全系统能有条不紊地运行。三是制定全国性的网络建设规划和各种技术标准。确定文献采集的分工协作及其资源共享的有法律效力的规范和约定,各有关单位必须严格执行。只有解决好这三方面问题,才能保证图书馆网络信息系统建设的顺利进行。

（2）网络体系建设的必要性。根据我国图书馆网络建设的不平衡发展现状,网络建设的当前任务是要将图书馆网络建设分成大众图书馆和科学图书馆两大网络体系。大众图书馆有利于书刊流通,推动群众社会教育和业务辅导的普及型网络;而科学图书馆是为促进学术性文献信息资源交流与共享的支撑型网络,应设在高水平的文献书目中心或检索咨询中心,尽最大可能实现馆际网络系统互连,努力开拓馆际互借和电子文献传递服务。

（3）大力加强文献信息数据库建设与网络建设同步。应筹建国家联机编目中心,负责统一规划,按标准控制书目质量,组织实施全国范围的各系统、各地区负责的编目工作。建立统一的书目库,并上网服务,从而根本改变分散编目造成的社会资源浪费和数据不标准的状态;以标准为纲,改造非标准库为标准库,参照标准数据源进行编目,对旧书目库中的记录逐一重新审查,进行标准化处理;发展横向联合,创建大型书目数据库及全文数据库,有计划地选择几个基础较好的图书馆,建立起我国电子出版物的收藏利用体系,提供网络共享。

（4）加强网络的基础设施建设。网络的基础设施主要包括通讯设备、计算机硬件、软件等,应加大对网络的资金投入。图书馆网络产品的选择,应从传输能力、功能齐备、安全保密、便于互联及安装简便等几个方面综合考虑。

图书馆网络信息系统的建立,应选择较强功能的大型数据库软件。20世纪90年代以来,Client/Server(客户/服务器)的计算机结构已成为联网的最佳模式,Z39.50的采用,使得不同系统间的查询变得十分便捷,这些变革都直接影响图书馆网络服务系统的未来模式。为使图书馆网络建设能顺利进行,应保证基本的资金投入,同时对数据库建设的资金投入应与之相匹配,使建网与造库同步进行。

(5)注重计算机网络人才的培养。根据信息业务发展的方向,图书馆管理员可以重新定义为网络专家、信息中介人和系统设计员。因此对图书馆管理员的培养必须注重增强他们的信息技能与信息素质,具体包括计算机、数据库、网络方面的知识,专门的学科知识和知识评价能力,能从信息网络上辨识出有效的信息、存档技术。后者是图书馆管理员将来参与为用户安装电子刊物设施的必备技能,制定科学的人才培养规划,有计划、有步骤地培养和吸收具有本专业综合职业能力的图书馆管理人员,培养成为能熟练掌握计算机网络技术、网站建设与维护、网络建设等专业技能型人才。

第八章 >>

图书馆服务评价体系研究

数字图书馆是网络环境和数字环境下图书馆新的发展形态,它利用现代信息技术,对海量的、分布的、异构的数字资源进行整合,形成有序的整体,通过各种媒体提供标准、高效的服务,使人们随时随地获取信息和知识。为了更好地利用数字图书馆技术满足人民群众日益增长的精神文化需求,提高思想道德素质和科学文化素养,国内学者在总结和借鉴国外数字图书馆评价的基础上,从内容、技术、界面、服务、用户等方面构建数字图书馆评价模型,对我国的数字图书馆评价体系构建具有积极推动作用。

第一节 图书馆读者服务评价指标建构

为适应时代发展和读者需求打造品质图书馆品牌已经逐渐引起图书情报信息领域的重视。利用社会化媒体打造图书馆品牌,在创建品牌的过程中,形成一定的知名度和美誉度,在提升图书馆社会效益、提高馆藏资源利用率、优化图书馆形象等方面都有十分重要的意义。

一 图书馆服务评价是运用图书馆资源满足读者对文献信息需求的行为和过程

图书馆是一个系统,也是社会系统的一部分,又与社会的其他系统发生千丝万缕的联系,因而是错综复杂的。图书馆所提供的服务大部分是无形的。服务是一种过程,服务是一种体验,用某些标准对图书馆的服务做出真正准确的评价是困难的。但为了评定图书馆各项工作的优劣,了解读者对图书馆的满意程度和评价标准,又不得不制定出一些标准对不同类型的图书馆有所比较。以前人们将办馆条件作为评估图书馆服务标准的重点,自 20 世纪 70 年代以来,评价的重点有所转移。例如,美国兰开斯特教授在 1977 年出版的专著《假如你要评估你的图书馆》,主要内容包括目录利用、参考服务、文献检索、馆藏书刊、文献提供、技术服务和自动化系统等,他将图书馆服务分为公共服务和技术服务,其评价标准也有不同。公共服务最终应以用户满意程度来测度,而技术服务取决于内部效率和外部的长期效果。

1982 年美国公共图书馆协会出版了《公共图书馆服务绩效评估手册》,美国大学及研究图书馆协会于 1990 年制定了《评估学术图书馆绩效标准》,包括使用者满意情况、藏书的提供与使用情况、图书馆及其设备使用情况、信息服务等四大类 15 项标准,从这些可以清晰地看到,评价的重点从重视图书馆本身的条件向读者的满意程度转变。

20 世纪 70 年代中期以来,西方学者对顾客满意程度作为评价服务质量的标准进行了大量研究,提出一些理论模型,最有代表性的是美国学者奥立佛提出的"期望-实绩模型"和韦斯卜洛克与雷利提出的"需要满意程度模型",引起了图书馆界的注意,并在实践中加以应用。根据"期望-实绩模型"理论,读者都带着一定的期望来到图书馆,接受图书馆服务后,会根据自己的期望,评估服务的绩效。如果绩效低于期望,读者就会不满意;如果符合期望,就会满意;如果超过期望,就会很满意。根据"需要满足程度模型"理论,图书馆服务越能满足读者需要,读者就越满意;否则,就不满意。总之,二者都是以满足读者需求为目标。长期以来,我国图书馆界比较重视文献的收集、加工和贮存,对图书馆服务的研究比较薄弱。

20 世纪 90 年代,我国图书馆服务评价标准初期,各系统的行政主管部门分别制定了评估标准,对各类型的图书馆进行评估,对图书馆事业的发展起到推动作用。评估标准的重点是办馆条件,服务的内容有所涉及,但并没有把满足读者需求作为评估的重点,在评估的过程中读者基本排除在外。庄子逸在 20 世纪 80 年代曾撰文指出,图书馆作为一个服务系统,如果没有读者的评价,其他评价都是片面的评价。读者对图书馆满意程度的评价,对于评定图书馆服务质量的优劣具有很重要的参考价值,其他评价难以取代。在讲到服务时,社会上习惯的用语是做到三个满意,即领导满意、群众满意、自己满意,粗看起来这没有什么不妥,仔细分析却有缺陷。主要表现在:一是把领导满意放在第一位,说明首先是对领导负责,而不是把对群众负责作为首要条件;二是有些单位自我感觉良好,但群众不满意;三是"自己"是被评价的对象,把自己满意与否作为评价内容不合适;四是三个满意中主要是群众满意,群众是服务的体验者,服务的好坏群众自有公论。群众满意了,领导当然满意,因为领导是代表群众利益的。用是否满足读者的需求,即读者是否满意作为检验图书馆服务的重要标准,无疑是正确的,这是图书馆的性质和职能所决定的。

图书馆的主要职能不是本身创造知识,也不是自身利用知识,其根本任务是把知识与社会的需求联系起来,起到知识交流的中介作用,成为社会知识生产和社会知识利用的桥梁。把知识与社会需求结合起来,是图书馆学基本的哲学思想,"为书找人,为人找书"是图书馆职业最简明的表述。当然这里所讲的书,包括各种载体的文献,也包括网上资源,找的方法也多种多样。现在衡量一个图书馆的作用主要是对信息资源的开发与利用,而不在于馆藏的数量和馆舍的规模。列宁早就说过:值得公共图书馆骄傲和引以为荣的,并不在于拥有多少珍本,而在于使图书在人民中间流传,吸引了多少读者,如何迅速满足读者的要求。图书馆对社会做了些什么,读者是否满意,读者满意了,图书馆的目的就达到了。只有用良好的服务才能形成社会对图书馆的依赖,从社会的依赖引起社会的重视,从社会的重视促进事业的发展。

二　图书馆服务读者评价的标准

图书馆服务是无形的,涉及的因素是复杂的,服务的效果有些是直接的,有些是间接的,有些是明显的,有些是潜在的,因此,评估图书馆服务的标准应该有多种,既有定性分析,又有定量分析。如果以满足读者需求为重要依据,则主要包括 4 个方面,即读者满意度、吸引读者率、文献利用率、职责和标准。

1. 读者满意度

读者的评价是检验图书馆服务水平的重要标准。

（1）图书馆环境。图书馆环境清洁、安静,整齐、舒适。

（2）图书馆管理员。图书馆工作人员热情、认真、主动,有专业能力和自身修养。

（3）图书馆设备。图书馆设施先进、齐全，能满足功能需要。

（4）馆藏文献。图书馆文献资源符合该馆的性质与目标，数量多，质量好，有特色。可以发放读者调查表，让读者对图书馆的服务做出评价，问卷可分为很满意、满意、一般、不满意、很不满意 5 个等级。

2. 吸引读者率

此处所说"读者"既包括来到图书馆的读者，也包括吸引利用本馆网上资源的读者。吸引读者率是指在一定时期内，图书馆实际服务的人数除以应该服务的人数的比率。可根据图书馆不同的性质和规模，历史条件和现实情况，分为优秀、合格、不合格 3 个等级来评定图书馆吸引读者的状况比例。

（1）主观努力度。由于各种因素，各图书馆所处的环境和具备的条件是不相同的。一般情况下，条件好的图书馆，其取得的成绩成果就大。但在相同条件下，有的工作搞得好，有的搞得不好，甚至条件不好的比条件好的图书馆，工作抓得紧、靠得上，搞得项目多，评价率高，这与发挥主观能动性有很大的关系。

（2）评价努力程度。评价努力程度可以分为 3 个等级：一是优秀，充分发挥主观能动性，克服了职责范围内难以克服的困难问题，超额完成任务；二是合格，发挥主观能动性较强，通过努力按时完成任务；三是不合格，没有发挥主观能动性，努力程度不够，工作没有起色，没有按时完成工作任务和指标。在对一个馆的服务进行综合评价时，应是读者满意度、吸引读者率、文献利用率、主观努力度 4 个因素的综合值，但这 4 个因素又不是等值的，应有一定的比重权数。一般情况下，读者满意度、吸引读者率、文献使用率、主观努力度之间的比重权数可为 5：2：2：1。因此，根据图书馆的服务层次、规模、环境、设施的不同，比重权数也可调整，如 6：1：2：1 或 7：1：1：1。

3. 文献利用率

文献利用率又称文献使用率、文献流通率。

（1）文献利用率。一般情况下，每种图书流通的次数越多，其使用价值就越大。这里所说的图书，不仅指纸质文献，也包括电子文献，还包括网上资源。文献利用率，是在一定时间内读者实际使用的文献数除以馆藏文献总数的比率。应根据图书馆不同性质和规模，以及历史条件和现实现状，确定优秀、合格、不合格的等级来评定。

（2）服务主动性。图书馆不仅服务于到馆的读者借阅需要，还要主动地

"为人找书,为书找人",增加图书的使用率。图书馆要做好宣传工作,做好参考咨询工作,满意地答复读者所提出的各项问题。应该根据每个服务项目的性质和难易程度给予不同的评估级数。例如难度大为优秀,难度较大为良好,一般为合格。

(3)服务速度与节省时间。图书馆不仅向读者提供所需要的文献,还要使读者尽可能快速得到其所需,这就要求提高工作效率。应根据不同类型和规模以及服务项目的难易程度,确定一定期限的评估标准。

4.职责和标准

制定服务评估标准的目的是为了进行评估,但评估只是一种手段而不是目的,其根本目的在于提高服务水平和服务质量,更好满足读者的需求。评估的过程实质上是一个实行服务质量管理,提高服务质量的过程,在这一过程中,处于不同位置的部门和人员都有着不同的职责。

(1)行政主管。图书馆的行政主管是图书馆服务质量管理的领导者和监督者。他的职责是制定标准、监督执行和组织评估。行政主管应根据图书馆的宗旨任务,组织有关人员制定本系统不同层次图书馆的服务标准,了解并监督下属图书馆执行标准,并采取一定的方式和步骤进行评估,要给所下属图书馆创造一个执行标准的良好环境,并给予必要的条件保证。

(2)图书馆管理者。图书馆馆长是执行标准的主要责任人。他的职责是内求团结,外求支持,保证实现确定的目标。他要与其他管理人员一道,认真学习和把握标准的精神与要求,分析本馆的状况和实际情况,了解读者的需求,在全体员工参与讨论的基础上,确定全馆目标和任务,然后层层分解,落实执行。在执行过程中充分发挥图书馆员的积极性,并根据需要进行员工培训,及时了解执行情况,如有需要进行必要调整,为了保证目标的实现,还要积极寻求外部有关部门的支持和人员的合作。

(3)图书馆工作人员。图书馆工作人员是图书馆服务的主体,是提高服务质量的宣传者、实践者、执行者。其职责是树立服务质量意识,愿意并有能力按照标准为读者提供服务。特别是直接接触一线读者的工作人员,要有自己是代表图书馆形象的意识,积极主动与读者交流,让读者得到方便、准确、高效的服务。其他人员也要树立质量意识,一些问题虽然在第一线暴露出来,但实际上是内部造成的。如果资源短缺,目录混乱,一线人员再多的微笑也解决不了问题,只有全馆共同努力,才能保证目标实现。

（4）读者。读者是服务质量的最终裁判，他们会对图书馆的服务质量进行客观公正的评价，对图书馆整个服务过程的公正评价。

（5）评估。在开展图书馆服务质量评估时，行政主管首先要制定标准，标准应既有激励作用，可操作性强，又要符合本馆的实际情况；其次是组织评估小组。图书馆要积极做好各项工作准备，提供真实情况，不是为了评估而评估，而是把评估当成提高服务质量的过程。评估过程中，要采取各种形式充分听取读者意见，以读者评价为主；也要听取专家和图书馆领导及群众的意见，进行定性和定量分析，做出客观公正评价，并在一定范围内公开评价结果。

第二节　图书馆馆藏资源评价模式

图书馆馆藏资源，顾名思义是指图书馆本身具有独特的内涵、风格和形式，是能够明显地区别于其他个体属性的资源。对于图书馆来说，图书馆馆藏资源和馆藏特色资源是图书馆针对用户的需求，以某一学科、某一专题、特定人物、特定时期、特定地域特点为研究对象，对文献信息资源进行收集、整理、存储、分析、评价，并按一定的标准和规范进行组织、管理，使其成为该馆独有或他馆少有的资源，它具有一定的独特性，即人无我有；具有一定的权威性，即人有我优的显著特点。

一　图书馆馆藏资源和特色建设的背景及意义

21 世纪以来，飞速发展的现代信息技术使得图书馆的生存环境发生了极大的变化，图书馆也同样受到了来自变革的巨大压力，不仅文献收藏和交流功能受到挑战，纸质文献已经不是唯一的，甚至在某种程度上已不再是首选的知识信息载体，而且海量信息的发布使得图书馆既没有能力，也没有必要收藏如此多的信息资源。加之搜索引擎和一些商业信息机构的崛起，为读者提供了面向个人、更易获取的信息来源，极大地冲击了图书馆固有的信息服务地位，蚕食了图书馆的部分服务领域。图书馆只有加强特色资源建设，实现资源再造，提高图书馆核心竞争力，才能面对挑战，发挥自己应有的作用。

二　国内图书馆特色资源建设现状

1.特色资源的常见类型

特色资源库常见的类型有以下几种：随书光盘、学位论文、读者文库、多媒体点播系统、机构知识库、数字化平台、各类专题数据库等。资源库中的特色资源类型多样，除常见的图书、期刊、学位论文外，还有图片、地图、手稿、信札、口述资料、书法绘画作品、照片等；表现形式有题录、全文、音频、视频等。

2.特色资源的主要内容特点

（1）学科及馆藏特色。展示本馆的藏书特色，展示优势学科或重点学科，或是为特定学科或重点研究方向奠定文献基础。如清华大学的"中国科技史数字图书馆资料库"；北京大学的"古文献资料库"；广东外语外贸大学的"语言学与应用语言学全文数据库"；吉林大学的"汽车工程信息数据库"；北京师范大学的"解放前中小学教科书"等。

（2）地域及文化特色。展示一个国家或民族的历史、地理、风土人情、传统习俗、生活方式、文学艺术、行为规范、思维方式、价值观念等。如吉林大学的"东北地区地学文献数据库"；四川大学的"巴蜀文化数据库"；安阳师范学院的"殷商文化数据库"；洛阳师范学院的"河洛文化专题数据库"等。

（3）高等教育特色。展示高校图书馆为高等教育提供文献保障的特色或展示学校的办学特点、学校历史、传统等。如中山大学的"校史文献室"；北京大学的"北大名师"；天津大学的"高等教育信息专题数据库"；各大学自建的学位论文数据库、机构典藏、教学资料等。

三　图书馆特色资源的建设模式

（1）自建模式。绝大多数高校图书馆的特色馆藏均是自建模式，主要包括学位论文、参考资源、读者文库等。往往受到人力、物力、财力等条件的制约，给图书馆特色馆藏建设造成一定的困难。

（2）合建模式。图书馆与其他单位合作模式。比如西南政法大学图书馆的"中国-东盟法律文献数据库"，是由中国与东盟法律研究中心和西南政法大学图书馆共同策划建设；中国矿业大学的"矿业工程数字图书馆"是由中国煤炭工业协会科技文献信息咨询专业委员会与超星数字图书馆合作开发。

（3）政府资助、共建共享模式。由政府部分资助，与多馆共建、服务公开的一种建设模式。如中国高等教育文献保障系统（China Academic Library and Information System）专题特色数据库子项目是遵循"分散建设、统一检索、资源共享"的原则，构建统一的公共检索平台，采取重点支持和择优奖励相结合的资助方式，鼓励具有学科优势和文献资源特色的图书馆积极参加专题特色库的建设。

四 图书馆特色资源的服务形式

（1）服务功能。以浏览、检索亦可跨库检索和全文下载为主。一是公开，外网可以访问。二是资源共享，建设成果向成员图书馆提供二次文献的万维网方式，公开免费检索和一次文献的部分公开服务。三是权限受限，绝大多数图书馆的特色数据库局限于用户内部的 IP 登录或 IP 用户双重限制，外网是无法查询。

（2）特色资源的数量。虽然数据库的资源类型多样、资源揭示层次较全面，但多为书目检索数据库，全文数据库的数量十分有限，呈现"头重脚轻"的现象。

五 图书馆馆藏文献特色资源建设中存在的问题

图书馆馆藏文献特色资源的建设虽已取得了很大的进展，全国图书馆建设特色资源库的情况也很普及，但由于经验不足，在建设和使用过程中仍然存在很多问题。

（1）特色资源的概念混淆。已有文章指出"特色不特"的弊病，建议遵循"独特性、权威性"的特点，逐步厘清思路、厘清概念，明确特色资源的内涵。中国高等教育文献保障系统在专题特色数据库子项目的建设中，明确其文献资源的特色应体现为学科特色、地方特色、馆藏特色，将独有或稀缺资源、网络资源、原生数字资源及特色明显的资源作为其建设重点。

（2）门类单一，人云亦云。尤其是"特色资源和自建数据库情况"在图书馆评估指标中占有一定的权重之后，各馆因急于求成，仓促上马，基本上大多数选题还停留在学科导航库、教学参考、读者文库、随书光盘等已有数据库模式下,出现了很多"无新意、无特色、无规模、无价值"的数据库,而真正能够开拓思路、量体而建的特色数据库却寥寥无几。

(3)各自为政,为建而建。特色资源的建设模式基本上是以单打独斗为主,即使有些系统进行了统一规划建设,但也只是在管理与协调上做了规范与要求,而在选题和建设上还是存在各自为政的现象,缺乏全局观和社会观,不重视知识结构。

(4)缺乏统一的建库标准。数据库质量参差不齐,不利兼容,影响馆际协作和资源共享。

(5)可持续性差,有始无终,管理混乱。中国高等教育文献保障系统专题特色数据库作为一个系统的整合平台,都存在着链接地址不准确或无此链接的现象,页面内容陈旧,数据库数量发展缓慢,更新不及时等问题。

(6)重建轻用,缺乏推广,权限受控,利用率有待提高。现有的图书馆特色数据库往往局限于只为本单位或本系统服务,很少对社会公开开放,或者宣传推广的力度不够,影响力较小,受众面狭窄,利用率很低,从而造成文献资源、信息资源、人力物力资源的极大浪费。

(六)图书馆读者服务评价指标的设置

1.设立评价指标的重要性

由于以上特色资源建库过程中呈现的弊病,当下的特色资源建设显然没有达到预期的效果和预期的目标。于是,有人质疑特色数据库还能走多远,也有的积极想对策,并付诸行动,对建库平台、数据库内容、著录标准都有统一的规定,实现共享和开放。越来越多的人已经意识到了建立特色资源评价体系的重要性,意识到了要想通过特色资源建设提高自己的核心竞争力,就应该注重特色资源的建设质量,保障其可持续地发展,并进行效益评估,从而较好地了解特色资源的建设使用情况与建设初衷是否吻合,是否收到了良好的社会效益。通过理性的评价,提高资源建设的针对性和建库质量,促进特色资源建设的良性发展。

(1)评价指标的设立可以为图书馆建设特色资源库指引方向,消除盲目性和重复性。

（2）评价指标的设立可以规范建库行为,如平台的选取、数据录入、录入标准,为数据共享打下良好的基础。

（3）评价指标的建立可以促使领导层来提高对特色资源建设的重视程度,加大对人力、物力的投入,保证其可持续发展。

（4）评价指标的设立可以促使工作人员深入研究特色资源建设,加大特色数据库的宣传力度,从根本上提高数据库的质量和利用程度,实现其社会效益。

2. 评价指标的设置

本指标参考图书情报工作指导委员会编写的《普通高等学校图书馆评估指标(修改稿)》《CALIS 三期专题特色数据库子项目申报指南》,从建库条件、资源建设、读者服务、科学管理四个方面来进行设置。

（1）建库条件。要具有基本的数据库管理功能和服务功能,要有较强的可操作性,用户界面友好,检索路径简便迅捷。

（2）资源建设。包括资源内容评价、资源类型评价、资源数量评价、规范性评价、科学性评价和可持续发展评价。

① 资源内容评价。是否符合特色资源的特征,具有独特性和权威性;是否具有鲜明的主题特色,即学科特色、地方特色和民族特色等;是否是网络原生数字资源;是否是独有或稀缺资源,即只有本地或本馆独有的,或散在各处,难以收集和利用,且商业数据库或其他公开渠道难以获取的资源。

② 资源类型评价。数字化的程度如何,数据库是否涵盖与选题有关的各种类型文献,即题录、文摘、全文、图像、音频、视频等。

③ 资源数量评价。数据库应具有一定规模的数据量。如中国高等教育文献保障系统三期专题特色数据库建设规定,其中数字对象比例应不少于30%,对确实属于独有、稀缺即内容有限的特色资源,数据库不做限制。

④ 规范性评价。著录和标引遵循何种规范要求。如 CALIS 有专门的《CALIS 专题特色数据库描述元数据规范》,该规范中对书目信息、网络信息、图像信息和音频视频等元数据著录有明确的标引细则。

⑤ 科学性评价。数据组织规范、标识适宜、导航清晰、链接方便,可以提供深层次且个性化的服务,是否具有互动服务性、用户直接参与性。

⑥ 可持续发展评价。数据库是否能够保证用户的正常使用,数据更新率、数据保全率是否完全符合标准要求。

（3）读者服务。

① 宣传、揭示、报道情况。数据库在图书馆网页的页面位置，与搜索引擎保持一定的契合度，是否易于用户发现、使用方便，有无用户的使用培训和推介情况的记录。

② 资源共享情况。版权问题是制约特色资源推广使用的主要因素。特色资源建设针对版权问题有何举措，是否能够做到有针对性地设置访问权限，最大限度地向公众开放。

（4）科学管理。

① 有无可行性报告。建设特色数据库的必要性是评估内容的重中之重，可避免特色数据库建设的盲目性。主要表现在：一是要选定服务对象，充分分析与论证用户的不同需求，即最低需求、现实需求和预期需求，明确建库目标，即要明确为谁服务，采取何种服务方式，收到怎样的服务效果；二是要做相同或类似服务的调研，避免重复建设；三是要严格控制成本，建立成本核算与效益评价模型，合理分析与评价，认真论证本馆是否有能力保证预期目标得以实现，以及该项服务可为图书馆带来怎样的经济效益和社会效益，投入与产出是否平衡。

② 规章制度是否完善。一是要建立相应的管理制度，明确数据库建立的各项内容，包括资料收集标准、数据录入标准、建库软硬件条件、后续建设与维护条件、管理人员运作方式、资料发布方式等；二是要建立完整的质量评估体系，全面评价数据库的各项指标，检验数据库的建设是否能够实现预期目标。

③ 读者利用情况分析。对数据库的运行状况进行分析，是否达到可行性报告中的预期目标，验证数据库建设的价值如何，并适时调整对策。

第三节　图书馆读者服务评价方法与类型

读者服务工作是图书馆全部工作的出发点和落脚点，为读者提供高质量的文献信息服务是图书馆的根本宗旨和职能作用。对服务质量进行评价，也正是符合图书馆改进和完善服务体系、服务策略，提高服务质量和服务水平的重要措施。

一 读者服务质量评价方法

读者服务质量评价方法主要将开馆时间、流通量、借阅率、开架率、提供辅导、咨询情报的数量等作为考核的指标,很少真正将服务质量纳入考察范围。然而,图书馆作为一种服务性机构,虽然所有的硬件工作都是服务的基础,但是,服务本身是一种行为过程。所谓服务质量,是指这种行为过程及结果的优劣程度,它是一个难于计量的主观范畴,往往由被服务者的满意程度来决定,并非仅通过所做工作的统计就能评判其优劣。

20世纪70年代以来,西方学者从营销学角度对顾客满意程度作为评价服务质量的标准进行了大量的研究,提出了"期望-实绩模型"和"需要满意程度模型"。我国图书馆学界对读者服务质量评价理论与方法的研究也日渐重视,而且也有学者借鉴国外的有关理论,提出了以读者满意的评价方法。以什么样的评价标准对读者服务质量进行评价,还有待于广大图书馆学者和管理者作深入的探索,在研究和实践中寻求既科学合理,又简便易行的评价标准和方式,以便有的放矢地推动图书馆服务工作,提高服务水平和服务质量。

二 读者服务质量评价指标

从全面、客观的原则出发,对服务质量的评价既要考虑实施主体努力程度的客观表现,也要考虑受事者满意程度的主观感受,可以说读者满意程度和图书馆服务实绩是读者服务质量评价的两个不可或缺的主要指标。同时,由于满足读者的信息需求是图书馆实施服务的最终目的,所以,两个指标中"读者满意程度"应该是评价服务质量的更重要的指标。

1. 读者满意程度评价指标

在读者服务过程中,除了图书馆工作人员和读者这一对主客体以外,还必须有文献资源和服务读者的工作方式,最后能否满足读者的需求是必然结果,所以图书馆工作人员、读者、文献资源、服务方式、评价结果共同构成读者服务工作的5个要素。读者作为要素之一,主要就是通过其他4个要素感受服务程度,其满意程度实际也是对4个要素的预期与其实际感受的对比,所以这4个要素也就应该成为反映读者满意程度的4个主要指标。

（1）工作人员。包括可信性、可靠性、可交性三个主要指标权重。

① 可信性。包括工作人员的思想素质表现、工作责任心、职业道德品质、敬业精神等。

② 可靠性。包括工作人员的知识水平、业务熟练程度、信息检索和知识组织能力、解答咨询能力等。

③ 可交性。包括工作人员的交往能力、服务态度、积极主动性，言行举止的亲和力、理解沟通能力、反应灵敏度等。

（2）文献资源。包括可读性、可用性、先进性三个主要指标权重。

① 可读性。包括文献数量、学科覆盖面、等级切合度、内容新颖度、载体文献多样性等。

② 可用性。包括数据的完备性、规范性，标引深度、更新的及时性、查准率、查全率等。

③ 先进性。包括复制传递设施齐全，计算机网络服务器功能先进，环境舒适等。

（3）服务方式。包括便捷性、多样性、指导性三个主要指标权重。

① 便捷性。包括开馆时间、开架程度、借阅手续、公共检索系统、网络畅通等。

② 多样性。包括媒体形式服务手段、个性化、特色化服务，如馆际互借、网上预约、电子信箱、网络传送等。

③ 指导性。包括文献检索与利用的教育辅导，信息意识和方法培训、咨询导读、网络导航、文献宣传力度等。

（4）服务结果。包括针对性、知识性、满足性三个主要指标权重。

① 针对性。包括提供一、二、三次文献信息与需求的切合度等。

② 知识性。包括二、三次文献和咨询解答的知识含量及深度等。

③ 满足性。包括是否达到预期目的，读者得到所需的文献信息，拒绝借阅的比例等。

2. 图书馆服务实绩评价指标

读者满意程度指标主要是从读者感知的角度出发，对图书馆服务质量的主观性进行评价，是以读者所感受到的人与事作为评价对象。而图书馆服务实绩评价则是以工作人员的实际工作成效对其进行客观性的评价，图书馆各项服务工作的成效就是其主要的评价指标。长期以来，图书馆各项业务工作的数量统计为服务实绩评价打下了坚实的基础。但是,需要说明的是,在以服务实绩为指标的客观性评价中,仍然要以最大限度地满足读者的需求为衡量尺度,特别是在当前"信息超载""信息泛滥"的现实情况下,读者反映出来的突出问题是"知识饥渴",也是缺乏选择和鉴别信息的能力,这就要求图书馆读者服务要由被动的文献传递走向主动的、积极的为读者提供知识的方向发展,同时要加强管理人员的鉴别信息素质和提取信息能力的教育培养。因此,图书馆服务质量的评价也应该重视文献借阅指标向信息能力培养转变,重视文献传递指标向注重知识情报服务指标转移。

三 读者服务质量评价方法

1. 读者满意程度评价方法

读者满意程度评价方法是指在"期望-感知"评价模式中采用象限分析法,对一个评价因子的期望值与感知程度进行图形分析评价,形象地反映出评价因子的运动规律,直观地评价出图书馆服务工作的业绩。其不愧为一种既科学又严密且形象的评价方法,值得图书馆界借鉴此评估方法。但如果用于一般常规性评价,操作起来有一定的难度,即使在建立了该评价软件系统的情况下,其数据的收集也相当不易,因为要求读者就每个评价因子的最低要求值、最高期望值、实际感知程度作出明确的评价,需要读者高度配合,这在实践中往往难以达到最佳的预期效果。而且以这种完全的定量评价方法来计算和评价读者满意程度也是不太适宜的。笔者认为,读者的满意程度本身就是一个主观范畴,读者的期望值与其感知程度的比较是一个心理过程,这个过程中包含着丰富而不间断的运动可变因素,它只能是一种模糊的比较,只有比较其最终的结果才具有一定的明确性。所以,兼顾简单性和可行性的思路,对读者满意程度的评价还是比较适于采用定量与定性相结合的等级评分法。

(1)设立评分级次。根据读者对最后一层评价指标或评价因子的满意程度,设立优、良、一般、差4个评价等级,并以百分制分别给4个等级赋予分值,以使读者将定性的等级进行量化评分。

(2)设立评分权重。各指标中相关的一组指标对上一级指标的作用大小往往是不一致的,必须根据其作用的大小,分别给各级评价指标设置分值权重。可采用比率标度法,通过各项指标的比较矩阵计算出各项指标的特征向量,如在"读者满意程度"的指标中,按照重要程度可排列为"工作人员""服务结果""文献资源""服务方式"等,对工作人员的可靠性、可信性、可交性三个重要指标的权重,也可以根据其重要程度形成比较,计算出各自的分值权重。

（3）计算评分。将读者对各指标的满意程度的实际评分乘以其相应权数,每一组指标加权后的分值之和即为得分,由此即得到"读者满意程度"评价指标的总得分。

2.图书馆服务实绩的评价方法

由于图书馆服务实绩评价指标大多都是具体数据,对每一项指标都不要盲目判断评分,应该根据图书馆人员编制和读者类型等实际情况,先给予各指标确定一个合理的上下限标准,将其实际数据与标准进行比照评分。为了突出信息教育和情报服务的重要性,可在排序过程中增加其权重,与"读者满意程度"评价指标计算方法一样,求出"服务实绩"评价指标的实际得分。最后,根据"读者满意程度"和"图书馆服务实绩"两项指标的重要程度,采用"专家直接定权法"即由多个专家分别根据自己的经验和标准,直接给出两项指标的权数,然后求出专家们所给指标权重分数之和的平均值,作为两项指标各自的权重分值。再将两个指标的得分加权求和,最终得出图书馆读者服务质量评价总分。

第四节　图书馆读者服务评价标准

国内关于图书馆评估研究的主要内容为评价主体、评估内容、评估方法、评价指标体系和国外管理经验 5 个方面。图书馆评价的主体可分为政府机构、图书馆行业学（协）会、各类图书馆、用户和第三方机构等五种类型,用户对图书馆的评价可分为用户对图书馆系统的评价和用户使用感知的评价。评估内容可分为单项评估和综合评估,单项评估包括空间、资源、服务、网站或系统等内容,综合评估包括绩效评估、服务质量评估和社会价值评估等。

一　图书馆数字参考咨询服务质量评价模式

美国市场营销专家提出的"服务质量评价（SERVQUAL）"、美国研究型图书馆联合会提出的"图书馆服务质量评价（Lib+QUAL）"和美国阿拉斯加州虚拟参考咨询协会提出的"数字参考咨询服务的质量标准（Facets of Quality for Digital Reference Services）"等。在目前众多的数字参考咨询服务质量评价标准中，美国虚拟参考咨询协会（ASKA）虚拟参考咨询协会于2003年6月颁布的第5版的评价标准内容详细、考虑全面、版本较新。该标准将质量评价因素划分为两个主要的方面，即参考咨询服务过程和参考咨询服务的发展管理。每个方面的因素又都被划分为两个不同的级别，即基本要求级别和推荐级别。

1. 参考咨询服务过程

包括易用性、及时性、明确性、交互性、指导性的5个服务过程。

（1）易用性。数字参考咨询服务应该能够很容易被网络用户获得，不管用户的设备配置高低、身体是否健康、语言是否存在障碍，其基本要求是保证参考咨询服务可以通过电子邮件或网络问卷表的形式获得。其推荐要求是允许用户通过网络问卷表格的方式进行联系；参考咨询的内容在参考咨询服务的网站上容易查找；保证残疾人士能够方便地使用参考咨询服务；允许非英语用户在组织内部的翻译帮助下使用此项服务；保证服务能够被方便获得和导航；使插件能够被使用。

（2）及时性。要尽可能地处理用户提出的咨询问题，实际回复时间依赖于参考咨询服务来确定，回复内容和可以得到的资源，即员工、资金和技术等，也应列为考虑因素。其基本要求是对被提问的问题至少在2个工作日内处理或回复其10%的内容。其推荐要求是在接到提问2～5天内至少回答10%～50%的问题；如果不能回答，应在2～5天内通知用户；允许用户通过网络问卷表中注明问题的紧急程度；对非即时的参考咨询服务，目标是在收到问题的1～2天内全部（100%）地给予解答或适当的回答。

（3）明确性。为了减少用户困惑和不适当的询问机会，在每次处理数字参考咨询服务之前或开始时，应和用户明确地交流有关服务的情况，其基本要求是建立和坚持一种明确的回复政策。其推荐要求是在网站主页或者在发送给用户的回复确认信息中，明确地标明参考咨询服务的问答过程和提供的服务声明应写清问题的范围、提供答案的类型、用户对专家在从业时间和学术背景上的期望以及预期的回复时间。

（4）交互性。数字参考咨询服务应该给用户提供有效的参考咨询会谈，以使用户能够和专家进行必要的交流,求证用户模糊的问题。其基本要求是鼓励用户将年龄、职称和研究的学科领域等重要信息在网络问卷表单中注明,或者在后续进程中使用电子邮件进行交流。其推荐要求是通过网络表单或其他方式获得用户的年龄、职称、已有的信息和联系方式等重要信息,但不能泄露用户的隐私;通过电子邮件或用聊天工具等方式澄清用户的问题;提供即时参考咨询会谈或完全使用万维网表格,在不泄露使用者隐私的前提下,尽可能多地收集信息;采用合并重复同类项的方法,用设置追踪问题计数器的方法来验证相关的信息;允许用户在每次服务后对答复不满意的情况继续咨询,以获得圆满的答复;运用共同协议,链接相关的答复设置推动后续的问题。

(5)指导性。数字参考咨询服务为用户提供最新的信息和专门知识,能够给用户提供比直接的、实际的答案更多的信息。能够在表达问题、学科知识和信息素养方面给用户以指导。其基本要求是为用户提供答案或线索等;当不能提供答案时,应给用户提供合适的通知及说明。其推荐要求是提供能搜寻到最好资源的路径和索引,使用户能够学会自己找到相似答案。答复可以包括搜索到资源的工具,如搜索引擎、索引、参考书目和目录等。特殊的搜索术语和过程搜索的步骤,如果可能的话,学科专家应该利用他们的学术背景和专业知识给用户描绘出解决进程和其他的索引。当答案或资源找不到时,就为用户提供路径、关键词和尝试过的处理方法。通过给用户提供详细的路径和一系列资源的回答方式,既可以给用户提供解决问题的过程也可以让用户自己解决和判读,提高了用户的信息查找方式和素养。学科专家们可以利用自己的学术背景和专业知识在适当的时候给用户提供其他方面的帮助和指导。

2. 参考咨询服务发展与管理

(1)权威性。有资格担任数字参考咨询服务的专家在拟定的某一服务主题、某一领域的某种技术方面,具备了充分的知识和教育背景。特殊的知识水平、技巧和经验在参考咨询服务和与之相关的学科和领域中都有具体的要求。其基本要求是保证服务人员中至少包括一名合格的专家,能够监督咨询服务的质量和保证答复的准确性。其推荐要求是参考咨询服务的权威即专家通过电子邮件或网站和用户交流;在回答问题时应该和用户沟通,经过深思熟虑综合所有可能的观点;在一般学科参考咨询服务时,参考咨询人员由专职的专业人员或具有专业水平的志愿者组成;在被提名信息服务中,参考咨询人员应该由专业图书馆工作人员组成;在网站上公布有资格回答问题的专家名单,其所属的组织将为那些回答问题的专家提供资格证明。

(2)专家的培训。数字参考咨询服务应该提供现行的服务或服务过程的培训,为专家使用清晰有效的语言和遵循服务答复政策和程序做准备。信息专家培训是数字化参考咨询服务计划和实行的最重要的一个方面。其基本要求是为所有的参考咨询服务人员,包括非正式人员,提供一些培训程序。其推荐要求是为专家们提供回答政策和回复时机的培训,参照工作表现研究参考咨询的回复或安排更有经验的图书馆工作人员进行指导培训,确保受训者能在工作中使用合适的语气,平易近人负责任地进行回复,也确保培训者能掌握培训的目标和目的。把培训者参加培训的过程做成书面文件,交给负责职称晋升的组织或单位;把培训者培训后的表现做成书面文件,与用户交流专家回复政策和程序的培训;为升级和更新与信息资源相关的技能、搜索策略和技术、专家接受的继续教育做准备;当需要制作有文件证明的、试验过的和修订过的训练资料和程序时,对能成功完成或通过这些进程的培训者,无论是继续教育、选修基本课程还是在工作中晋升,都应当视为成功地完成了专项培训。

(3)隐私权。用户与专家之间的所有交流都应该是完全保密的。其基本要求是不许透露用户的姓名、电子邮件或者邮寄地址和提出的有关问题,除非用户通过网络问卷、表格、书面文件等在信息公开前表示同意公开。其推荐要求是在与第三方在网络知识库中公布问题和答案时共享咨询服务的资料或对电子邮件地址验证信息之前,应从用户处获得同意,在网站上公布保护隐私的政策,特别是关于问卷调查形式的网页,制定合适的保护隐私权的政策并在网站上容易看到的位置公布。在公布到公共知识库之前,将问答设置中所有可以识别的个人信息清除掉;如果公布18岁以下孩子的个人信息,应获得其父母或监护人的同意;保护顾客和专家们相关的信息不受到有害的监视;通知顾客哪些资料将被服务机构保留,同时给顾客提供修改简介的机会。

(4)检查和总结。数字参考咨询服务应该定期对服务的过程和内容进行评价,这样有助于保证咨询服务的质量、效率和可靠性,同时也能够保证用户满意。其基本要求是定期对咨询质量、准确性、服务政策遵守情况进行监控,从而提高服务技能。其推荐要求是评估读者和咨询人员对服务的满意度;在答案发送给用户前后的某个时间,定期对答案进行监控;为培训过的专家提供格式化的反馈;提醒、教育和鼓励他们坚持遵守服务政策和程序并且依法使用资源,比如订阅数据库,对在线资源和回复进行监控;与其他参考咨询服务组织合作以提供同业互查,检查回复中依靠链接的应用,保证提供的网站对用户来说能够正常使用。

(5)提供相关信息的访问。除了为用户的问题提供直接的回复以外,数字化参考咨询服务还应该允许访问拥有的资源和信息。参考咨询服务可以将知识库或者经常被问到的问题储存留痕,其问答结果可以重新利用。其基本要求是在网站上包含参考咨询服务需要的基本资源,以补充问答部分的不足。其推荐要求是允许访问服务内容范围内的资源信息,包括访问以前的问答知识库、外部资源的链接或参考书目;在网站上公布选择外部资源的标准和政策;每年至少检查和更新网站内容 3 次,保证内容正确、链接和参考书目可以使用;在网站上公布前评价链接、经常问的问题(FAQS)和其他资源等清单,定期检查这些资源以保证其正确性和可靠性,对推荐的网站链接做出注释,在参考咨询协作服务网中确定合作伙伴关系。

(6)宣传推广。服务机构应该通知潜在的用户能够从服务中获得的价值;定义明确的公关计划可以保证服务能够得到很好的宣传和促进;但宣传推广应适度,不应该使需求超过参考咨询服务系统能处理的容量极限。其基本要求是开展宣传推广活动并且公布服务宗旨和服务内容。其推荐要求是制定公关计划,应包括以下几点:在网站上向有关的网站上发布消息;在有关的网站上设立参考咨询服务的链接;直接向潜在的用户发送邮件;在出版的印刷品上发表文章;在讨论会和会议等场所作介绍等。但宣传推广不能造成咨询问题的数量泛滥,超过系统能承受的程度;建立一个适当的宣传计划,使服务系统的服务量在能够管理的范围内;对潜在用户的评价也应该包括在这个宣传推广的计划内。

总之,数字参考咨询质量评价体系可以在上述论述的基础上,采用多层次逐级扩展方法,对数字参考咨询服务工作进行质量影响因素扩展,建立起数字参考咨询服务工作质量评价指标体系的层次结构模型。数字参考咨询是在传统参考咨询服务体系基础上,随着技术的发展而产生的一种新型服务,因此,在某些方面特别是服务内容方面,基本上也是依据传统的参考咨询服务质量评价指标体系。数字参考咨询服务在使用环境上有自身的特点，尤其是在服务过程方面，影响着参考咨询服务的效果体现。

二 图书馆网络导读服务评价模式

导读工作一直是图书馆服务的重要内容之一，根据文献记载，从"去图书馆网站查阅资料的频率"来看，"经常去"的读者仅占 7.5%，"偶尔去"的读者仅占 31.4%，"从不去"的读者竟高达 61.1%，从以上数据可以看出，读者关注图书馆网站的人数较少。他们更愿意通过搜索引擎、门户网站、网络社区、论坛、聊天工具等网络信息源获取信息，而非图书、期刊等传统信息源。因此，要发挥网络导读作用，必须将导读服务扩展到图书馆主页之外的网站上。目前，图书馆网络导读工作缺乏理论指导，如何完善网络导读工作，引导读者合理高效地使用网络资源是一个值得研究的课题。

1.网络导读概念

网络导读是指通过一定的网络技术手段向读者揭示图书馆拥有的或能够提供的内容，包括网络信息在内的各种信息资源。具体来说网络导读主要包含两个层面内容：导读内容网络化，即在网络环境下对网络资源进行阅读指导；导读工作方式网络化，即利用网络进行阅读指导。前者可以看作对网络阅读的指导；后者则可以看作对阅读的网络指导。由此可见，网络导读不同于传统阅读指导工作，其在内容和方式上都发生了巨大变化，在广度和深度上对服务对象与阅读资源的导读方式和导读内容都有所拓展和突破。

在网络环境下，导读工作应趋于系统化和标准化，一个规范而高效的网络导读体系无疑是对图书馆信息服务工作的强大助力。目前，网络导读研究内容多为阐述图书馆导读工作如何适应网络时代的要求，而对如何从实践角度建设图书馆网络导读平台则关注较少。因此，从平台建设角度探讨网络导读功能、导读体系建设、馆藏建设策略、体系建设原则、评价指标以及发展方向等对读者工作均有重要的意义。

2.网络导读功能

图书馆网络导读功能可以分为强化认识、阅读指导、学术导航和图书评论。

（1）强化认识。强化认识是指图书馆利用技术手段推送各种有用信息，主要起到资源导航和提示功能,如图书馆网上通报、电子公告信息栏、网站主页动态新闻。

(2)阅读指导。图书馆通过开设网络导读公开课,扩大读者知识面,使其能够根据自身特点,制定符合个人需求的阅读计划,选择精品内容进行阅读。同时,图书馆还可以充分依靠人才优势,邀请不同学科专家、学者参与并承担部分导读工作,发挥他们在专业课题咨询上的优势。如邀请他们为读者推荐相关书目、组织他们定期开设专题讲座和讨论会等。

(3)学术导航。为科学有效地利用图书馆学术网络信息,需要对网络信息进行整理。网络学术信息导航应具有站点导航和搜索引擎双重功能,可以实现对站点的整理、指引和检索,可以把专业领域所需要的各种信息与服务整合到一个知识体系中,为教学、科研提供便捷的服务,这种方式实际上是将目录式搜索引擎的思路贯穿其中而形成的。分类目录是将学术信息按照某种事先确定的类目体系,分门别类地加以组织并提供给读者,也就是将内容细化,直至分化出读者能够接受和感兴趣的"阅读域"。

(4)图书评论。图书评论是一种重要的导读功能,在传播图书信息方面起着不可低估的作用。图书馆在网站主页上设立书评栏目,通过下载互联网上相关书评信息或购买书评信息,将这些书评信息作为一种补充文献推送给读者,从而帮助读者有针对性地了解并更好地选择所需文献。

3.网络导读体系构建

网络导读体系每一个模块都对应一项传统导读的工作内容。具体来说,网络导读体系应该包含8个模块。

(1)信息发布。信息发布是图书馆主页的基本内容。

(2)内容指南。一个完善的读者指南能进行图书导读,又称新书通告,它是图书馆向读者通报、推介新书的渠道,使读者快速了解图书馆新书到馆情况。

(3)学科导航。通过收集、分类、组织和整理相关学术资源来进行专业信息与专业服务整合,为教学科研提供便捷服务。

(4)学科管理员推荐。可为学科教学建立资源体系分类式目录,为读者提供网络信息资源,是科研的有益补充。

(5)资源使用指南。又称为读者指南,是向读者提供的信息集合。

(6)统一检索平台。全面整合图书馆馆藏目录查询系统和电子资源系统,使读者可在同一个检索平台查找所有相关馆藏信息,提高检索效率。

(7)网络资源整合。图书馆员把互联网上各种分散的学术信息资源进行收集和整理,根据学科或主题进行归类,形成信息集成系统,并及时更新,供读者查找和使用。

(8)读者互动。主要是指利用万维网通过博客、网志、标注等信息,利用网络公告、E-mail 等工具,在图书馆工作人员和读者之间建立信息交流互动机制。

4. 基于网络导读揭示馆藏资源的主要特点

为配合网络导读工作,更好地揭示馆藏资源,提高信息服务质量,在进行馆藏资源建设时,应注意以下 5 个特点。

(1)资源的准确性。重视资源内容的准确性,强调学术价值,确定学科范围,选取能够反映本学科前沿水平和发展动态的网上学术资源作为收集对象。

(2)资源的权威性。图书馆应重视信息制作发布者的权威性和可信性。如在选择图书时,著者、出版社是一个重要的考虑因素;选择期刊时应首选核心刊物;选择音像制品时,音像制作公司正规与否应在考虑之列。同样,网上信息制作发布者也是选择收集信息时一个重要的参考因素。如权威信息中心或情报机构、本学科学术刊物出版单位、各种社会组织制作发布并提供上网的信息一般可信程度较高,是学术信息的主要来源。

(3)资源的连续性。有些出版物连续性很强,如果前期该出版物作为印刷文献收藏,后期又以数字化版本出现而需要继续收藏,则必须注意其延续性,在收藏管理及提供服务方面要进行很好的衔接;如果前期该出版物作为印刷型文献收藏,后期又因为数字化版本的出现而继续收藏,就会顾此失彼,失去其连续性和系统性,进而影响馆藏质量,不利于教学科研。

(4)资源的特色性。图书馆应根据学校的办学方向和学科建设,确定图书馆的馆藏重点,同时建设特色馆藏,并利用自身资源建设特色数据库,从而吸引专业读者,更好地为教学和科研服务。

(5)资源的针对性。图书馆读者数量庞大,网络导读千篇一律,工作难以取得较好效果,必须在区分读者基础上,针对不同读者特点、阅读兴趣和信息需求,采取个性化服务。导读工作不仅仅是以传递知识为目的,他们需要通过有针对性的阅读指导、帮助、影响和启发读者去体验阅读,发现自己的阅读风格,从而养成良好的阅读习惯。网络环境下图书馆导读面对众多的资源和读者,一定要目的明确,针对不同读者需求,采取不同导读手段。

5. 网络导读体系建设原则

网络导读工作是一项系统工程。网络导读体系建设应遵循科学性原则、主动性原则、交互性原则。

(1)科学性原则。在网络导读内容指导方面,图书馆工作人员要运用专业技术,向读者宣传和推荐相应学科最新文献,介绍学科经典著作,让读者对某一学科的产生和发展有脉络式了解。在阅读方法指导方面,导读必须面向广大读者的实际阅读需要,与其学习需求、成长需求、心理需求等相适应。只有这样,才能对他们的阅读活动产生最大程度的积极影响。

(2)主动性原则。信息渠道多元化的走向使图书馆的影响力似乎变得越来越小,图书馆工作人员需要转变观念,提高主动服务的意识。例如,公共图书馆可以有意识地加强与专业图书馆之间的联系,了解他们对电子资源的需求以及课题研究情况,积极宣传图书馆馆藏资源和服务。网络导读还具有启发和引导功能,这就需要图书馆能够更加积极主动地开展导读工作。

(3)交互性原则。图书馆不能以传统的导读思路来看待网络导读工作,而应创造条件与读者进行双向沟通交流。网络导读过程也是一个信息传播过程,在这个过程中,双向信息交流是必不可少的。

6. 网络导读体系评价指标

传统导读评价指标同样适用于网络导读,其评价指标可以概括为 3 个层次,即信息资源、信息整合和信息服务。根据网络导读特点,还要增加一些评价指标:

(1)图书馆主页。图书馆主页是否信息丰富、揭示清楚、更新及时、界面友好,并能够为用户提供快速、便捷、高效的信息服务。

(2)信息资源。信息资源是否能够得到有效整合和导航,避免读者盲目浏览以致迷失方向。

(3)网络资源。是否能够对重点、热点网络资源突出显示。

(4)检索功能。是否具备一站式检索功能,对馆藏和非馆藏公共网络资源实现统一检索。

(5)网络数据库。电子资源是否能够充分满足读者的教学需求,是否能够有效配合读者科研课题的开展;是否具备电子教学参考书系统;电子设备是否种类齐全、性能良好、使用方便；读者的个性化需求是否给予足够关注，能否实现个人兴趣挖掘和资源推送；参考咨询服务是否专业、规范，是否能够提供快速响应网络咨询；是否具备完善的学科馆员制度，并能够经常与用户保持良好的沟通；对主要学科和专业是否能够提供相应的网络资源推荐和主题导读等。

7. 网络导读工作的发展方向

（1）馆际合作。图书馆在资源建设方面不可能做到面面俱到，每个图书馆都有自己的特色，因此馆际交流显得十分重要。传统的导读模式因受物理空间限制，不太可能实现跨馆导读服务，在网络环境下，这些问题迎刃而解。未来的导读工作不应只限于本馆的人力和资源，不同图书馆之间可以发展馆际导读服务，同时馆员还可以利用网络交流导读经验。

（2）个性化主动服务。导读工作由原来图书馆工作人员对用户进行阅读指导这一单向信息模式转为二者之间互动，读者不再是被动地接受信息。在以大数据和云计算等新技术手段为代表的网络环境下，网络导读呈现出许多与传统导读不同的特点，导读工作由幕后走到台前，导读主体也呈现多元化特征。同时，云计算拉近了读者与图书馆信息资源之间的距离，使得读者随时随地就可以获取海量信息。因此，图书馆导读工作也应相应地从群体到个体，导读内容应该更加有针对性，针对不同读者的不同需求而展开。

（3）网络资源综合导读。目前大多数图书馆对数据库资源的揭示仅提供一份数据库列表，只有少部分图书馆实现了数据库资源跨平台检索，但对资源的揭示力度仍然不够。国外大学图书馆相对来说先进得多，大多数国外图书馆不但能够揭示区域内资源，还实现了互联网资源的统一检索和内容聚合。

（4）知识整合与拓展导读。图书馆不仅仅满足于展示资源，还致力于揭示知识的内在结构和横向联系，通过有效的资源组织为读者构建一个知识网络，使图书馆不仅是资源的提供者，还是获取知识的领路人。图书馆导读工作应充分发挥其教育职能，通过学科前沿导读、跨学科导读、主题网络课堂等多种形式实现教书育人的目的。此外，图书馆还应主动承担提高读者个人阅读能力，这本身就是图书馆的特色之一，也是对图书馆职能的有益补充。

（5）移动平台导读。智能手机和其他智能终端功能越来越强大，代表的是一种以人为中心的信息传播模式。手机图书馆集阅读、学习、娱乐、互动为一体,便于携带,可以不受时间空间限制随时获取所需信息,使用便捷,规避了网络媒体分散和无序的缺点,内容更具权威性。手机导读充分利用各种方便快捷的手机阅读和通讯工具,实现导读内容快速和大范围推送,使读者可以在第一时间获取最新信息。当前国内图书馆对以手机为代表的移动平台在未来信息服务中的重要地位认识还不够深刻。

目前图书馆网络导读工作尚未跟上网络资源暴发式增长步伐,强化网络导读工作已刻不容缓。网络时代的图书馆在信息收集、整理和共享方面的优势受到冲击,在搜索引擎、网络数据库、网上书店等以因特网为依托构建的数字资源平台包围圈中。图书馆为适应学术发展需要,应采用网络技术展现馆藏资源,并引入网络资源作为自身资源的补充。现阶段图书馆网络导读工作的重点应是提高自身电子资源的加工和组织质量,这是优化服务的基础,以互联网思维重新审视导读工作,利用网络的即时性、互动性和便捷性等特点,充分发挥图书馆信息传播和信息教育的职能。

三　图书馆读者信用体系建设

1. 图书馆读者的信用情况和产生原因

目前图书馆读者的信用令人堪忧,读者的学历越来越高,综合素质却未能成正比上升,对于图书馆的借阅超期公告上的姓名视而不见,受损图书数量仍有上升趋势,大部分图书馆对其采取了相应的对策,但效果不够明显,馆内阅览环境的保持不尽如人意。应从根源挖掘其产生原因,以期改善不良信用的现象。

(1)出现的几种失信现象。专业图书馆的读者基本分为员工读者和来院进行学习的学生读者,其中学生读者占绝大部分,其失信行为大体可以概括为以下几个方面。一是读者利用文献的失信行为,主要表现为外借书刊超期归还、书刊受损、偷书、使用他人借阅证,在这里有一点需要注意,借阅书刊而只字未看也属于一种失信行为。二是文献利用缺失,表现为长期不利用图书馆文献,借阅证形同虚设。有许多学生读者,在查阅记录上竟然为空白,也就是说他在学习期间根本没研读图书馆的文献资源。很多读者在教学、科研活动当中也没有把学习当作最终目的去对待,只是摘抄利用电子期刊中可以粘贴、复制的内容,而对于馆内的一些珍贵文献知之甚少,反倒在意见反馈中反映图书馆的文献资源不足、质量不高、推介活动较少等,有甚者竟然对图书馆提出购书要求、增加副本量和购买数据库的征集意见中,要求图书馆继续购买已经收藏的文献资源,由此可见读者根本没有到图书馆学习,对于图书馆甚至没有做最表层的了解,致使图书馆文献资源利用率下降,是一种极大地浪费。三是不遵守图书馆规章制度,干扰阅览环境,穿着服饰不当,占座现象时有发生。图书馆不但是公共场所,还是学生学习的主要场所,有的学生不顾及他人的学习环境,把图书馆当作自己的休闲娱乐区域,将食品的包装及残渣留在图书馆,漠视制度标语,浏览不健康网站,损坏图书馆的公共设施,在受到图书管理员提示时有明显的反抗情绪,直接损坏了图书馆的利益。

（2）产生不良信用的原因。面对读者失信行为,大多数图书馆仍然利用传统的解决方式,不但没有获得良好的效果,还引发了读者与图书馆之间的矛盾,归根结底是图书馆规章制度并没有从读者产生不良信用的原因入手,导致了针对失信行为的奖惩措施的失效。从读者的思想上、教育环节上以及奖励方式上作出深层次的分析,主要发现有以下问题。

① 思想薄弱。这是信用意识淡薄的表现,在不良的信用环境中一些读者认为在图书馆的失信行为并没有什么影响,只有学习成绩好才是硬道理,对于自身的素质培养也不予理会。即使面对社会上的失信行为,也会觉得离自己很遥远,不会产生罪恶感或犯罪感,在其思想中失信行为既不能给自己带来灾难,也不能影响自己的未来,因而在信用和舒适面前读者会理所当然地选择舒适。如果在信用和自身利益面前,更会毫不犹豫地选择后者,这种考虑问题的方式本身就存在很严重的问题,产生这种思想的原因是多方面的,但归根结底是读者的思想过于薄弱,自身没有建立起良好的信用意识。

② 教育偏颇。主要是信用环境不良。我国部分公民信用意识较低,而这种意识又是可传递性的,而且信用理念需要一个长时间的培养,要有厚重的积淀,需要在一个健康、诚信的大环境下对其进行积极的干预。

③ 教育不够。虽然毕业于高校,高举素质教育的大旗,但所受的应试教育对其内心的影响不是一时半刻可以改变的,这就更需要我们花费大量的精力对其进行教育,帮助他们建立正确的人生观、价值观和世界观。而大学的德育又是重理论、轻实践,重共性、轻个性,试问在这种情况下,对信用方面的教育又能占到多少。

④ 宣传不到位。信用教育应该是长期性的、经常性的。如果图书馆将信用教育的工作都寄托在高校,就起不到较强的针对性效果。在读者的潜意识里,认为所用文献虽然被损坏了,甚至丢失了,但都是因为对文献资源的利用。这种观念使信用教育显得不合时宜或是不近人情,而实际上少数人对文献的破坏性利用只是为自己带来了暂时的利益,但这点利益却是建立在大多数读者利益丧失的基础上,因为优秀的文献应该被更多的读者利用到。因此,图书馆要针对读者这些潜在的心理问题,给予合理的解释,用正确的人生观、价值观进行引导。

⑤ 处理方式不当。面对部分或个别读者目前的种种失信行为,图书馆目前的处理方式还停留在教育、处罚阶段。在道德约束失效的情况下,图书馆只有采取约束的方式来解决,如超期服务费、勒令还原、购置新书、按原价的不同倍数赔偿丢失图书等。但是图书馆的目的并不以营利为目的,因而处罚力度较弱。而随着生活水平的逐渐提升,读者并不把超期服务费当做负担,甚至污损、丢失图书也不觉得是多大错误,认为可以通过金钱来解决,不会对自己产生多大影响。还有个别读者会对图书馆的初衷产生怀疑,甚至认为经济处罚是图书馆的盈利行为,从而产生反抗情绪,甚至拒绝继续利用图书馆文献资源。图书馆的管理人员对于个别读者失信行为的处理方式不够公正公平,有时候会根据认错态度而决定处理力度。如面对窃书、恶意损坏图书或是浏览不健康网站等严重失信行为,有时候会处于对读者个人发展的考虑,只是给予警告而不做进一步严肃处理,导致处罚规定成为一纸空文,其公信度的降低,会使读者对图书馆信用规范产生形式之感,也会对图书馆员的管理热情产生一定的影响。

上述处理方式使图书馆的读者信用工作进入了恶性循环,失信行为愈演愈烈。而面对个别读者的失信后行为,图书馆无从解释,但是有一点是可以肯定的,就是目前图书馆对于读者失信行为的处理方式、处理力度都不够准确,没有真正教育、约束到读者,有时候还会与读者产生冲突,形成对立面,违背了图书馆为读者服务的宗旨。

2. 构建图书馆读者信用体系的必要性及可行性

(1)图书馆读者信用体系建设的必要性。图书馆读者信用体系的产生是顺应社会信用体系发展的产物,是社会信用体系的一个重要组成部分,是在图书馆数字化发展和资源合理配置的需求下应运而生的。年轻读者和学生读者是社会未来发展的主力军,其诚信品质的缺失将是整个民族未来的灾难,国家、社会、高校都意识到问题的严峻,大学生的诚信意识的培养已成为当今高校德育工作的主要内容,这是一项复杂而又长期的工作,需要各个部门的配合,群策群力,加强教育,注意平时的积累,制定合理的管理体系,保证学生信用意识的养成。

① 信用体系的重要组成部分。鉴于我国公民目前的信用状况,相关部门有必要对学生进行基础的信用教育,而在高校对其进行干预无疑是大学生步入社会前提升信用意识,增强信用理念的最优方案和最佳时期。目前,高等教育部门对于在高校中建立大学生的信用体系已基本形成了共识,也进行了研究与探索,取得了初步的成效。学生信用体系建设已迫在眉睫,将在校期间的信用记录与社会信用相结合也成为未来发展的趋势,但注意不要流于形式,而是要以提升学生信用意识为根本目的,学校作为信用教育的最初单元,其读者信用体系的建设将是整个图书馆界的信用体系建设的重中之重。

② 开展各项服务工作的需要。目前图书馆读者的信用状况为:一是部分读者在接受图书馆服务的过程中失信现象较为严重,严重破坏了图书馆馆藏资源的完整性、系统性,极大地影响了图书馆的服务水平和质量。目前,各图书馆在治理读者失信方面主要采取对读者进行说服教育或是对其行为进行罚款处理,但从实际效果来看,都不是很理想。二是处罚手段运用不当,易激起工作人员与读者的矛盾。特别是涉及罚款时,其额度往往难以准确计量,有时甚至出现读者与工作人员讨价还价的现象,处理方式和力度的不准确,令读者信用问题无法趋于健康的方向发展,而图书馆又是以信用存在为基础的工作部门,为了确保图书馆工作的顺利进行,应该及时针对以上出现的问题,探索出一种全新的管理理念和管理模式,从根本上扼制读者的这种失信行为,有效地保护图书馆的文献资源,使其更好地为最广大的读者服务。

因此,读者信用体系的建设可以合理、科学地对读者的失信行为予以评价,从而影响其在图书馆享有的权力,使读者从思想上予以重视,更加规范自己的言行。只有在思想上认真对待,才能从源头上控制失信行为,逐渐提升其信用意识,也为图书馆工作的顺利进行提供最坚实的保障。由此可见,读者信用体系是图书馆开展各项服务的需要。

③ 开展个性化服务的依据。传统图书馆的服务理念是注重馆藏信息,

而忽略了信用用户的需求,以现存文献作为开展读者服务的主要依据,包括所在图书馆的文献存储量、文献信息的更新速度以及文献检索的途径和工具使用方式以及馆藏文献的存放方式等。面对网络大环境的冲击,读者获取文献资料存在多种束缚,逐渐减少了走进图书馆的次数,使其文献利用率大幅度下降。因此,图书馆也要同网络发展竞争,完善自身的功能,用其独特的魅力挽回大部分的读者,使他们重新走进图书馆,这就对图书馆的功能提出了更高的要求。

由此可见,图书馆在保证日常服务的同时,还要发挥其文献中心的更高层次的作用。由被动变主动,及时了解读者需求,主动为其提供真实、有效、新鲜的文献。为其提供科研支持是服务的主要途径,为读者提供个性化服务是图书馆的服务的方向,只有读者在图书馆获得更方便、更快捷、更准确的文献,他们才会舍近求远离开电脑走进图书馆。了解读者需求,建立全面、科学、详细的读者档案,记录其所学专业和研究方向以及较为感兴趣的资源,主动跟踪近期出版发行的相关文献,及时进行输送,尽力达到读者满意。

④ 开展馆际互借的依据。馆际互借就是对于本馆没有的文献,在本馆读者需要时,根据馆际互借制度、协议、办法和收费标准,从外馆借入。反之,在外馆向本馆提出馆际互借请求时,借出本馆所拥有的文献,满足外馆的文献需求。开展馆际互借适用于返还式文献和非返还式复印型文献,一是图书馆与图书馆之间的馆际互借;二是图书馆与社会之间的馆际互借。图书馆必将打破"一馆制"的使用格局,馆际互借不但会扩展到同一地区的专业、高校、地市级图书馆,甚至会延伸到省外、国外的图书馆,这种互借形式使资源得到合理的配置,节约了大量的经费,也使每个图书馆的文献趋于全面。但馆际互借的开展有一定要求,需要作出申请,在获得同意后才能获取文献,需要一定的时间,不能满足全部读者的需求,在人力、时间和资源有限的情况下,还要依据读者的信用级别来决定为读者提供馆际互借的工作安排。由此可见,图书馆的读者信用体系将成为开展馆际互借的重要参考依据。

(2)图书馆用户关系管理有效性评价。

① 客户关系管理。客户关系管理(customer relationship management,CITM)这个概念最早起源于美国,1997 年由美国高德纳信息技术研究公司(Gartner Group)提出,1999 年引入中国。对于客户关系管理目前学术界尚无统一的定义,但是实质是相同的。现归纳其为,客户关系管理旨在改善图书

馆与客户之间的关系,强调"以客户为中心",了解客户需求、开展个性化服务,实行"一对一营销",以此不断提高客户的满意度,吸引和保持更多的客户,从而建立客户忠诚度,最终实现企业和客户的双赢,是一种新型运作机制。

② 用户关系管理。将图书馆界的客户关系管理理念引入图书馆服务,在图书馆中就表现为用户关系管理,通过隐匿客户关系管理的定义将用户关系管理定义为:旨在改善图书馆与用户之间的关系,强调"以用户为中心",了解用户需求、开展个性化服务,加强图书馆和用户之间的沟通和互动、最大限度地实现用户价值,提高用户的满意度和忠诚度,从而实现图书馆的最大价值,使得图书馆与用户之间形成"双赢"状态。通过用户关系管理的实施来完善对用户需求快速满足和互动的组织形式,规范以用户服务为核心的工作流程,建立用户驱动的服务设计,进而培养用户的信任度。

图书馆是一种学术性服务机构,其主要功能是为用户提供各种信息服务,满足用户的信息需求。客户关系管理是以客户为主的理念与图书馆以用户为中心的观念有着相同的出发点,将其观念和方法引入图书馆,是实现图书馆向以用户为中心模式转变的有力措施。这种管理可以促进其提高信息服务水平,创新运作机制和管理机制,可以促进图书馆自身在网络环境下更好的发展并发挥其作用。

③ 有效性评价。评价是评价主体对评价客体的作用、效果、功能等方面的内容,依据一定的评价标准和方法,或与同类事物进行比较,以评判其"优""劣"或"好""坏"。各行业在客户关系管理评价方面多用的词汇是绩效评价、绩效评估、效用评价、效用评估等,通过数量化指标和标准进行评定,依赖财务数据。评定内容包括财务效益、资产流动、发展能力和管理水平等,均是从经营的财务业绩和经营效率方面着手。而对图书馆用户关系管理有效性评价,则是指按照目标设计相应的评价指标体系,根据特定的评价标准,采用特定的评价方法,涉及多个因素或者多个指标,在多个因素相互作用下对服务期间的服务效果做出客观的、准确的、数量化的综合判断。

(3)图书馆用户关系管理应用现状。图书馆用户关系管理不一定像企业那样,必须要有完善的软件系统,也不一定要一次性投入巨额资金进行建设,也不一定要全面实施用户关系管理。图书馆用户关系管理更强调的是一种新的管理理念,即处处从用户的角度来考虑,设计和评价图书馆自身的服务。目前,图书馆在用户服务方面也做了不少工作,建立了"为人找书,为书找人"的服务理念;为方便用户,实行开架管理、藏阅结合、万维网服务;为了促进读者交流,举办读者座谈会、读书会、学习沙龙等。在流通部门、数字图书馆、参考咨询等各部门都开展了相应的用户关系管理,用户关系管理在图书馆的实施都是为了满足读者需求、提供个性化服务、提高用户满意度。在激烈的用户争夺战中,图书馆面临着如何吸引和保留用户的难题,图书馆希望自身可以和用户交流、沟通,了解用户需求、满足用户需求、提高用户满意度等。用户也希望这样的局面出现,图书馆实施用户关系管理,能够达到此行目的,并且能够改善与用户相关的业务流程的质量,降低图书馆运作成本,提高图书馆的经济效益与社会效益,同时帮助图书馆重新整合内部资源,是使图书馆工作模式真正实现向"用户为中心"转变的有力保障。从多方面综合分析来看,图书馆对用户关系管理的需求只会与日俱增、图书馆广泛实施用户关系管理也是在不久的将来一定会出现的局面。

(4)图书馆实施用户关系管理,应该注意图书馆在实施用户关系管理方面,具有一些特有的优势。

① 图书馆与读者之间的联系相对于企业和客户之间的联系要紧密得多,这更方便图书馆了解到用户的真正需求,以便更快捷、更准确的提供个性化服务。

② 图书馆的组织服务形式对企业管理来讲要简单一些,用户关系管理在图书馆中的实施也减少了许多程序,流程的变革和部门的合作要做的工作就少了许多。

③ 图书馆的服务对象是读者,这使得图书馆的用户群体比较集中,有利于图书馆开展"一对一营销"。

① 用户对图书馆的依赖比客户对企业的依赖更强,客户在企业的流动性相对来说比较大,而图书馆中的用户流动性小、依赖性高,所以图书馆开展用户关系管理会得到用户的大力支持和配合,使得图书馆无需花过多精力和经济成本。了解了图书馆实施用户关系管理方面的优势之后,我们可以充分利用这些优势来减少实施的障碍。

图书馆与企业相比均具有一些独特优势,但是相比之下企业具有一些劣势。一是企业的高层重视度比图书馆更高,正因为客户是企业的"上帝""衣食父母",失去了客户,企业就无法立足。而图书馆并不是完全依靠用户生活,它们主要依靠的是国家和上级的拨款。相较之下企业高层更愿意花成本吸引、保持和挽留客户。二是企业员工观念和素质的转变快,员工的业绩与企业和客户息息相关,为了自身和企业的利益,员工则更容易转变观念、更快提高素质。三是企业的资金和资源配置更容易到位,企业的最终目的是为了增大利益,"投李报桃"是企业所希望看到的,所以他们愿意及早地投入资金和资源来换取更大的回报。图书馆虽说也树立了以"用户为中心"的观念,但在实践过程中却有点力不从心,实施用户关系管理是图书馆理应进行的,这更容易使图书馆实现向以用户为中心模式的转变。只有对图书馆与企业实施客户关系管理优劣势进行分析比较之后,我们才可以正确地对待用户关系管理,才能充分发挥自己的优势、改变劣势。这对图书馆成功实施用户关系管理非常有帮助,只有成功实施后我们的评价才具有更好的操作性。

(5)实施用户关系管理的相关建议。继 1997 年美国高德纳信息技术研究公司提出客户关系管理以来,客户关系管理先后在各个行业得到了应用,但据 Gartner Group 在后几年的调查中发现,各行业对客户关系管理的认同感已经增强了,对客户关系管理的热情得到了验证,对客户关系管理的投资加大了,然而实施了客户关系管理的企业并没完全达到他们预期的效果。图书馆实施用户关系管理的相关建议介绍如下。

① 应了解用户真正需求。图书馆在收集用户信息时,应该注意哪些信息对他们最有用,并使用数据分析满足用户的真正独特需求。无法了解用户真正需要,就无法真正赢得用户的心,无法维系与用户的长期、有效的关系。

② 应注意新技术的应用。新技术(如 Web2.0)给了用户前所未有的自由和力量,用户有自己独特的思维和想法,通过这种互动式服务,其参与和解决问题的效率都将得以提高,图书馆搜集相应信息、了解用户需求、满足用户需求等就相对容易许多。

③ 应把"全技术"论抛于脑后。技术并非是用户关系管理的全部,所有国产关系管理系统和软件并不是一呼百应的,用户关系管理是一种策略实践,重点和难点是围绕用户关系而进行的管理的全面变革,只有正确把握其实质和关键,才能正确实施和应用。

④ 应大胆挑战管理文化。实施用户关系管理需要各部门协调和配合,图书馆各部门都单独管理该部门专有的用户信息,对信息的共享造成了一定的困扰,因此必然会涉及到组织结构的调整,这对图书馆是一项充满挑战的

工作,必然会遇到阻力,传统守旧的观念常使得变革举步维艰。

⑤ 应注重实施计划和战略。需要分析用户关系,设定长短期的发展目标,把注意力更多地集中于使用户满意的方面,只有战略上的用户关系管理框架到位之后,图书馆才能专心寻找最佳的服务方式。

⑥ 应注意用户的反馈和用户之间的交流。用户关系管理系统以客户反馈的信息为基础,实施用户关系管理应该非常仔细地分析用户的反馈信息,了解用户的需求和建议,依靠他人的意见来帮助解决问题。另外,用户体验对于企业非常重要,好的用户体验能提高满意度、信任度和忠诚度,用户可以交流自己的体会和经验。

⑦ 应注意用户关系管理的实施评价。在实施用户关系管理一段时间后也要对实施的效果和实施的过程进行评价,以确定这种策略实施的效果、实施过程的合理性和可行性,以便及时调整和改进用户关系管理活动。图书馆实施用户关系管理就可以在宏观上进行把握,尽量避免一些问题的出现,在正确的策略方针指导下进行具体的实施步骤,才可以保证用户关系管理的成效。

附录 中华人民共和国公共图书馆法

中华人民共和国公共图书馆法

（2017 年 11 月 4 日第十二届全国人民代表大会常务委员会
第三十次会议通过）

第一章 总 则

第一条 为了促进公共图书馆事业发展，发挥公共图书馆功能，保障公民基本文化权益，提高公民科学文化素质和社会文明程度，传承人类文明，坚定文化自信，制定本法。

第二条 本法所称公共图书馆，是指向社会公众免费开放，收集、整理、保存文献信息并提供查询、借阅及相关服务，开展社会教育的公共文化设施。

前款规定的文献信息包括图书报刊、音像制品、缩微制品、数字资源等。

第三条 公共图书馆是社会主义公共文化服务体系的重要组成部分，应当将推动、引导、服务全民阅读作为重要任务。

公共图书馆应当坚持社会主义先进文化前进方向，坚持以人民为中心，坚持以社会主义核心价值观为引领，传承发展中华优秀传统文化，继承革命文化，发展社会主义先进文化。

第四条 县级以上人民政府应当将公共图书馆事业纳入本级国民经济和社会发展规划，将公共图书馆建设纳入城乡规划和土地利用总体规划，加大对政府设立的公共图书馆的投入，将所需经费列入本级政府预算，并及时、足额拨付。

国家鼓励公民、法人和其他组织自筹资金设立公共图书馆。县级以上人民政府应当积极调动社会力量参与公共图书馆建设，并按照国家有关规定给予政策扶持。

第五条 国务院文化主管部门负责全国公共图书馆的管理工作。国务院其他有关部门在各自职责范围内负责与公共图书馆管理有关的工作。

县级以上地方人民政府文化主管部门负责本行政区域内公共图书馆的管理工作。县级以上地方人民政府其他有关部门在各自职责范围内负责本行政区域内与公共图书馆管理有关的工作。

第六条 国家鼓励公民、法人和其他组织依法向公共图书馆捐赠,并依法给予税收优惠。

境外自然人、法人和其他组织可以依照有关法律、行政法规的规定,通过捐赠方式参与境内公共图书馆建设。

第七条 国家扶持革命老区、民族地区、边疆地区和贫困地区公共图书馆事业的发展。

第八条 国家鼓励和支持发挥科技在公共图书馆建设、管理和服务中的作用,推动运用现代信息技术和传播技术,提高公共图书馆的服务效能。

第九条 国家鼓励和支持在公共图书馆领域开展国际交流与合作。

第十条 公共图书馆应当遵守有关知识产权保护的法律、行政法规规定,依法保护和使用文献信息。

馆藏文献信息属于文物、档案或者国家秘密的,公共图书馆应当遵守有关文物保护、档案管理或者保守国家秘密的法律、行政法规规定。

第十一条 公共图书馆行业组织应当依法制定行业规范,加强行业自律,维护会员合法权益,指导、督促会员提高服务质量。

第十二条 对在公共图书馆事业发展中作出突出贡献的组织和个人,按照国家有关规定给予表彰和奖励。

第二章 设 立

第十三条 国家建立覆盖城乡、便捷实用的公共图书馆服务网络。公共图书馆服务网络建设坚持政府主导,鼓励社会参与。

县级以上地方人民政府应当根据本行政区域内人口数量、人口分布、环境和交通条件等因素,因地制宜确定公共图书馆的数量、规模、结构和分布,加强固定馆舍和流动服务设施、自助服务设施建设。

第十四条 县级以上人民政府应当设立公共图书馆。

地方人民政府应当充分利用乡镇（街道）和村（社区）的综合服务设施设立图书室，服务城乡居民。

第十五条 设立公共图书馆应当具备下列条件：

（一）章程；

（二）固定的馆址；

（三）与其功能相适应的馆舍面积、阅览座席、文献信息和设施设备；

（四）与其功能、馆藏规模等相适应的工作人员；

（五）必要的办馆资金和稳定的运行经费来源；

（六）安全保障设施、制度及应急预案。

第十六条 公共图书馆章程应当包括名称、馆址、办馆宗旨、业务范围、管理制度及有关规则、终止程序和剩余财产的处理方案等事项。

第十七条 公共图书馆的设立、变更、终止应当按照国家有关规定办理登记手续。

第十八条 省、自治区、直辖市人民政府文化主管部门应当在其网站上及时公布本行政区域内公共图书馆的名称、馆址、联系方式、馆藏文献信息概况、主要服务内容和方式等信息。

第十九条 政府设立的公共图书馆馆长应当具备相应的文化水平、专业知识和组织管理能力。

公共图书馆应当根据其功能、馆藏规模、馆舍面积、服务范围及服务人口等因素配备相应的工作人员。公共图书馆工作人员应当具备相应的专业知识与技能，其中专业技术人员可以按照国家有关规定评定专业技术职称。

第二十条 公共图书馆可以以捐赠者姓名、名称命名文献信息专藏或者专题活动。

公民、法人和其他组织设立的公共图书馆，可以以捐赠者的姓名、名称命名公共图书馆、公共图书馆馆舍或者其他设施。

以捐赠者姓名、名称命名应当遵守有关法律、行政法规的规定，符合国家利益和社会公共利益，遵循公序良俗。

第二十一条 公共图书馆终止的，应当依照有关法律、行政法规的规定处理其剩余财产。

第二十二条 国家设立国家图书馆，主要承担国家文献信息战略保存、国家书目和联合目录编制、为国家立法和决策服务、组织全国古籍保护、开展图书馆发展研究和国际交流、为其他图书馆提供业务指导和技术支持等职能。国家图书馆同时具有本法规定的公共图书馆的功能。

第三章　运　行

第二十三条　国家推动公共图书馆建立健全法人治理结构,吸收有关方面代表、专业人士和社会公众参与管理。

第二十四条　公共图书馆应当根据办馆宗旨和服务对象的需求,广泛收集文献信息;政府设立的公共图书馆还应当系统收集地方文献信息,保存和传承地方文化。

文献信息的收集应当遵守有关法律、行政法规的规定。

第二十五条　公共图书馆可以通过采购、接受交存或者捐赠等合法方式收集文献信息。

第二十六条　出版单位应当按照国家有关规定向国家图书馆和所在地省级公共图书馆交存正式出版物。

第二十七条　公共图书馆应当按照国家公布的标准、规范对馆藏文献信息进行整理,建立馆藏文献信息目录,并依法通过其网站或者其他方式向社会公开。

第二十八条　公共图书馆应当妥善保存馆藏文献信息,不得随意处置;确需处置的,应当遵守国务院文化主管部门有关处置文献信息的规定。

公共图书馆应当配备防火、防盗等设施,并按照国家有关规定和标准对古籍和其他珍贵、易损文献信息采取专门的保护措施,确保安全。

第二十九条　公共图书馆应当定期对其设施设备进行检查维护,确保正常运行。

公共图书馆的设施设备场地不得用于与其服务无关的商业经营活动。

第三十条　公共图书馆应当加强馆际交流与合作。国家支持公共图书馆开展联合采购、联合编目、联合服务,实现文献信息的共建共享,促进文献信息的有效利用。

第三十一条　县级人民政府应当因地制宜建立符合当地特点的以县级公共图书馆为总馆,乡镇(街道)综合文化站、村(社区)图书室等为分馆或者基层服务点的总分馆制,完善数字化、网络化服务体系和配送体系,实现通借通还,促进公共图书馆服务向城乡基层延伸。总馆应当加强对分馆和基层服务点的业务指导。

第三十二条　公共图书馆馆藏文献信息属于档案、文物的,公共图书馆可以与档案馆、博物馆、纪念馆等单位相互交换重复件、复制件或者目录,联合举办展览,共同编辑出版有关史料或者进行史料研究。

第四章　服　务

第三十三条　公共图书馆应当按照平等、开放、共享的要求向社会公众提供服务。

公共图书馆应当免费向社会公众提供下列服务:

(一)文献信息查询、借阅;

(二)阅览室、自习室等公共空间设施场地开放;

(三)公益性讲座、阅读推广、培训、展览;

(四)国家规定的其他免费服务项目。

第三十四条　政府设立的公共图书馆应当设置少年儿童阅览区域,根据少年儿童的特点配备相应的专业人员,开展面向少年儿童的阅读指导和社会教育活动,并为学校开展有关课外活动提供支持。有条件的地区可以单独设立少年儿童图书馆。

政府设立的公共图书馆应当考虑老年人、残疾人等群体的特点,积极创造条件,提供适合其需要的文献信息、无障碍设施设备和服务等。

第三十五条　政府设立的公共图书馆应当根据自身条件,为国家机关制定法律、法规、政策和开展有关问题研究,提供文献信息和相关咨询服务。

第三十六条　公共图书馆应当通过开展阅读指导、读书交流、演讲诵读、图书互换共享等活动,推广全民阅读。

第三十七条　公共图书馆向社会公众提供文献信息,应当遵守有关法律、行政法规的规定,不得向未成年人提供内容不适宜的文献信息。

公共图书馆不得从事或者允许其他组织、个人在馆内从事危害国家安全、损害社会公共利益和其他违反法律法规的活动。

第三十八条　公共图书馆应当通过其网站或者其他方式向社会公告本馆的服务内容、开放时间、借阅规则等;因故闭馆或者更改开放时间的,除遇不可抗力外,应当提前公告。

公共图书馆在公休日应当开放,在国家法定节假日应当有开放时间。

第三十九条　政府设立的公共图书馆应当通过流动服务设施、自助服务设施等为社会公众提供便捷服务。

第四十条　国家构建标准统一、互联互通的公共图书馆数字服务网络，支持数字阅读产品开发和数字资源保存技术研究，推动公共图书馆利用数字化、网络化技术向社会公众提供便捷服务。

政府设立的公共图书馆应当加强数字资源建设、配备相应的设施设备，建立线上线下相结合的文献信息共享平台，为社会公众提供优质服务。

第四十一条　政府设立的公共图书馆应当加强馆内古籍的保护，根据自身条件采用数字化、影印或者缩微技术等推进古籍的整理、出版和研究利用，并通过巡回展览、公益性讲座、善本再造、创意产品开发等方式，加强古籍宣传，传承发展中华优秀传统文化。

第四十二条　公共图书馆应当改善服务条件、提高服务水平，定期公告服务开展情况，听取读者意见，建立投诉渠道，完善反馈机制，接受社会监督。

第四十三条　公共图书馆应当妥善保护读者的个人信息、借阅信息以及其他可能涉及读者隐私的信息，不得出售或者以其他方式非法向他人提供。

第四十四条　读者应当遵守公共图书馆的相关规定，自觉维护公共图书馆秩序，爱护公共图书馆的文献信息、设施设备，合法利用文献信息；借阅文献信息的，应当按照规定时限归还。

对破坏公共图书馆文献信息、设施设备，或者扰乱公共图书馆秩序的，公共图书馆工作人员有权予以劝阻、制止；经劝阻、制止无效的，公共图书馆可以停止为其提供服务。

第四十五条　国家采取政府购买服务等措施，对公民、法人和其他组织设立的公共图书馆提供服务给予扶持。

第四十六条　国家鼓励公民参与公共图书馆志愿服务。县级以上人民政府文化主管部门应当对公共图书馆志愿服务给予必要的指导和支持。

第四十七条　国务院文化主管部门和省、自治区、直辖市人民政府文化主管部门应当制定公共图书馆服务规范，对公共图书馆的服务质量和水平进行考核。考核应当吸收社会公众参与。考核结果应当向社会公布，并作为对公共图书馆给予补贴或者奖励等的依据。

第四十八条　国家支持公共图书馆加强与学校图书馆、科研机构图书馆以及其他类型图书馆的交流与合作,开展联合服务。

国家支持学校图书馆、科研机构图书馆以及其他类型图书馆向社会公众开放。

第五章 法律责任

第四十九条 公共图书馆从事或者允许其他组织、个人在馆内从事危害国家安全、损害社会公共利益活动的,由文化主管部门责令改正,没收违法所得;情节严重的,可以责令停业整顿、关闭;对直接负责的主管人员和其他直接责任人员依法追究法律责任。

第五十条 公共图书馆及其工作人员有下列行为之一的,由文化主管部门责令改正,没收违法所得:

(一)违规处置文献信息;

(二)出售或者以其他方式非法向他人提供读者的个人信息、借阅信息以及其他可能涉及读者隐私的信息;

(三)向社会公众提供文献信息违反有关法律、行政法规的规定,或者向未成年人提供内容不适宜的文献信息;

(四)将设施设备场地用于与公共图书馆服务无关的商业经营活动;

(五)其他不履行本法规定的公共图书馆服务要求的行为。

公共图书馆及其工作人员对应当免费提供的服务收费或者变相收费的,由价格主管部门依照前款规定给予处罚。

公共图书馆及其工作人员有前两款规定行为的,对直接负责的主管人员和其他直接责任人员依法追究法律责任。

第五十一条 出版单位未按照国家有关规定交存正式出版物的,由出版行政主管部门依照有关出版管理的法律、行政法规规定给予处罚。

第五十二条 文化主管部门或者其他有关部门及其工作人员在公共图书馆管理工作中滥用职权、玩忽职守、徇私舞弊的,对直接负责的主管人员和其他直接责任人员依法给予处分。

第五十三条 损坏公共图书馆的文献信息、设施设备或者未按照规定时限归还所借文献信息,造成财产损失或者其他损害的,依法承担民事责任。

第五十四条 违反本法规定,构成违反治安管理行为的,依法给予治安管理处罚;构成犯罪的,依法追究刑事责任。

第六章　附　则

第五十五条　本法自 2018 年 1 月 1 日起施行。

参考文献

[1]　安洪杰.诚信——高校图书馆读者管理新视角[J].卷宗,2012(9):59-60.

[2]　安秀丽.新媒体环境下图书馆深化读者服务研究[J].图书馆工作与研究,2016(7):105-108.

[3]　蔡冰.论图书馆读者服务的艺术[J].图书馆理论与实践,2009(7):15-17.

[4]　曹强.高校图书馆网络导读体系建设研究[J].情报探索,2016(11):104-108.

[5]　陈臣.图书馆个性化智慧服务体系的构建[J].图书馆建设,2014(11):38-38.

[6]　陈凤娟.互联网1时代图书馆读者服务创新模式研究[J].新世纪图书馆,2016(4):58-62.

[7]　陈威.公共文化服务体系研究[M].深圳:深圳报业集团出版社,2006.

[8]　戴秋容.人文服务理念在图书馆读者服务中的体现[J].图书馆论坛,2011(4):144-146.

[9]　黄善容.公共图书馆读者激励方式的探讨[J].四川图书馆学报,2010(6):27-29.

[10]　雷金民.图书馆读者管理原则的思考[J].中国民族博览,2004(2):73-75.

[11]　李国新,等.国外公共图书馆法研究[M].北京:国家出版社,2013.

[12]　李佳,等.新形势下图书馆读者管理研究[J].高校图书馆工作,2010(2):79-80.

[13]　李军鹏.公共服务学:政府公共服务的理论与实践[M].北京:北京大学出版社,2004.

[14]　刘慧娟.区域性公共图书馆服务体系未来发展模式的探讨[J].图书

馆,2014(5):14-16.

[15] 刘彦丽.北京大学图书馆读者服务新理念[J].大学图书馆学报,2011(6):71-73.

[16] 刘贞文.高校图书馆读者阅读类型与读者服务的创新[J].科教导刊,2016(20):171-172.

[17] 骆冬燕.柔性管理:大学图书馆读者管理的新举措[J].中国现代教育装备,2011(11):131-132.

[18] 苗成元,等.云计算架构下的高校图书馆网络安全威胁与对策研究[J].电脑知识与技术,2019(11):59-60.

[19] 欧石燕.图书馆网络环境建设[J].情报科学,2001(1):30-32.

[20] 裴玉香.积分制在图书馆读者管理中的应用探讨-以深圳大学图书馆为例[J].图书馆论坛,2009(2):104-106.

[21] 彭丹.以人为本理念下高校图书馆管理创新研究[J].学位论文,2014.

[22] 邱冠华.公共图书馆提升服务效能的途径[J].中国图书馆学报,2015(4):180.

[23] 阙义平.基于用户角度构建图书馆数字参考咨询服务评价指标[J].图书馆论坛,2011(1):120-122.

[24] 孙彦.高职高专院校图书馆读者在多媒体环境下的管理模式[J].中小企业管理与科技,2016(1):42.

[25] 谭世芬.高校图书馆网络安全管理探析[J].管理观察,2014(14):174-175.

[26] 万小陆.图书馆读者阅读的动机探析[J].图书馆研究,2013(6):126-128.

[27] 王彩虹.高校数字图书馆网络信息服务体系及评估模式[J].图书馆学研究,2007(5):26-28.

[28] 王芳.浅谈新形势下的读者管理工作[J].图书馆工作与研究,2016(10):103-104.

[29] 王丽娜,等.北美地区大学图书馆网络服务标识功能研究[J].图书馆建设,2016(2):91-95.

[30] 王列生,等.国家公共文化服务体系论[M].北京:文化艺术出版社,2009.

[31] 魏婷.云计算环境下数字图书馆网络与数据中心职能化管理策略研究 [J].现代情报,2011(11):146-148.

[32] 吴卫娟.图书馆媒介形象研究述评 [J].图书馆建设,2018(2):95-100.

[33] 徐雁.全民阅读推广手册 [M].深圳:海天出版社,2011.

[34] 杨国富.数字媒体环境中的读者价值研究 [J].大学图书馆学报,2019(2):34-37.

[35] 杨熔.公共图书馆女性细分服务探讨——以深圳南山图书馆为例 [J].图书馆,2017(10):102-107.

[36] 姚显霞.阅读推广活动评价评述及其总体框架构建 [J].大学图书馆学报,2016(2):89-92.

[37] 尹克勤.基于智慧图书馆的高校图书馆读者服务模式研究 [J].图书馆工作与研究,2017(9):109-113.

[38] 尹秀波.读者视角下高校图书馆阅读推广活动评价体系构建研究 [J].新世纪图书馆,2016(1):98-101.

[39] 袁晓园.美国重点高校图书馆的读者服务探析 [J].情报资料工作,2013(3):90-94.

[40] 张惠.电子书在公共图书馆的流通 [J].山东图书馆学刊,2004(1):81-82.

[41] "互联网+"环境下阅读推广服务质量管理模型构建及其有效性分析 [J].大学图书馆学报,2019(5):61-63.